Αιγυπτιακές λατρείες και ιερά στη Δήλο

Hélène Brun-Kyriakidis

ÉCOLE FRANÇAISE D'ATHÈNES
ΓΑΛΛΙΚΗ ΣΧΟΛΗ ΑΘΗΝΩΝ

Σημείωμα της συγγραφέα

Τα αρχικά *IG* και *ID* των πηγών που μνημονεύονται στο τέλος του συγγράμματος παραπέμπουν στα corpus των Inscriptiones Graecae και των *Inscriptions de Délos*. Οι αριθμοί μπροστά από τους οποίους υπάρχει το γράμμα A, αναφέρονται στα αγάλματα και ανάγλυφα που φυλάσσονται στο Αρχαιολογικό Μουσείο της Δήλου.

Το σύμβολο (★) υποδεικνύει τα μνημεία που σημειώνονται στις αναδιπλούμενες κατόψεις στο εξώφυλλο.

Τα γράμματα που προσδιορίζουν τα μνημεία των Σαραπιείων A και C στις κατόψεις **12**, **24** και **26** αντιστοιχούν σε αυτά που χρησιμοποιούνται στο Ph. Bruneau, J. Ducat, *Guide de Délos* (2005).

Χρονολογικά ορόσημα

Εκτός αν επισημαίνεται το αντίθετο, όλες οι χρονολογίες εννοούνται π. Χ.

314-167: περίοδος Ανεξαρτησίας της Δήλου, μετά από την πρώτη αθηναϊκή κυριαρχία.

Αρχές του 4ου αι.: εμφάνιση του Σάραπι στην Αλεξάνδρεια (Αίγυπτο) και εξελληνισμός της Ίσιδος.

Τέλη του 4ου αι.: αρχή της διάδοσης της Ισιακής λατρείας εκτός Αιγύπτου.

167: έναρξη της δεύτερης αθηναϊκής κυριαρχίας. Η ρωμαϊκή Σύγκλητος απαλλάσσει το λιμάνι της Δήλου από φόρους, προς όφελος της Αθήνας. Απέλαση των Δηλίων.

88: πρώτη «καταστροφή» της Δήλου. Επικουρούμενος από κάποιες ελληνικές πόλεις που εναντιώνονται στη ρωμαϊκή φορολογική πολιτική, ο Μιθριδάτης Ευπάτωρ ηγείται μιας σειράς κατακτήσεων που τον φέρνουν αντιμέτωπο με τη Ρώμη. Τα στρατεύματά του καταλαμβάνουν τη Δήλο το 88 και τη λεηλατούν.

69: δεύτερη «καταστροφή» της Δήλου. Υπό τις διαταγές του Αθηνόδωρου, οι πειρατές σύμμαχοι του Μιθριδάτη καταστρέφουν εκ νέου την πόλη. Το Δηλιακό εμπόριο δεν θα ανακάμψει ποτέ πια.

Εισαγωγή

Ξακουστό μέχρι σήμερα για το ιερό του Απόλλωνα, το νησί της Δήλου ήταν κατά την Αρχαιότητα ανθηρό εμπορικό λιμάνι που υποδεχόταν, δελεασμένους από το εμπόριο, εκτός από τους Έλληνες και πολλούς ξένους. Πλήθος εξωτικές θεότητες, άλλες ανατολίτικες και άλλες που είχε φέρει μαζί της η Ιταλική κοινότητα από τη Δύση, λατρεύονταν εκεί. Ανάμεσά τους, οι αιγύπτιοι θεοί κατέχουν σημαντική θέση. Η άφιξή τους είναι πρώιμη, χρονολογείται τον 3ο αιώνα, πριν από την δημογραφική έκρηξη που ακολούθησε την απόφαση της ρωμαϊκής Συγκλήτου να παραχωρήσει φορολογική ατέλεια στο λιμάνι της νήσου το 167.

Η διάδοση των αιγυπτο-ελληνικών λατρειών έξω από την κοιλάδα του Νείλου δίνει ξεχωριστή σημασία στην Ίσιδα, εξ ου ο όρος «ισιακές λατρείες» με τον οποίο προσδιορίζονται συνήθως στην επιστημονική βιβλιογραφία. Στη Δήλο, όπως και αλλού, η θεά είναι αντικείμενο ιδιαίτερης αφοσίωσης. Εντούτοις, κεντρικός θεός είναι ο Σάραπις, ο οποίος σχηματίζει με την Ίσιδα και τον Άνουβι μια τριάδα, που περιστοιχίζεται από τον Αρποκράτη, τον Άμμωνα και κάποτε τον Όσιρι. Οι Δήλιοι του αφιέρωσαν τρία ιερά, η ασυνήθιστη διαρρύθμιση των οποίων, οι επιγραφές και ο εξοπλισμός τους, παρέχουν πολύτιμες πληροφορίες για τις λατρευτικές πρακτικές. Άλλα κατάλοιπα μαρτυρούν την ατομική ευλάβεια. Οι ανασκαφές σε σπίτια και στη νεκρόπολη της Ρήνειας έφεραν στο φως πλήθος στολίδια, αγαλματίδια, σκαραβαίους και άλλα αντικείμενα γνωστά ως *ισιακά ή αιγυπτιακά*, που καθιστούν τη Δήλο έναν από τους πλουσιότερους αρχαιολογικούς χώρους της Ελλάδας όσον αφορά τις ισιακές λατρείες της Ελληνιστικής εποχής.

(1)

Θεοί που ήρθαν από την Αίγυπτο

Ο Σάραπις, αντικείμενο ιδιαίτερου σεβασμού στη Δήλο, είναι σύνθετη θεότητα που αναμειγνύει χαρακτηριστικά του Όσιρι με άλλα δανεισμένα από το Δία και τον Άδη. Στην Αίγυπτο, τη λατρεία του ανέπτυξαν οι πρώτοι Πτολεμαίοι, οι Έλληνες που βασίλεψαν εκεί μετά την κατάκτηση από τον Αλέξανδρο και ίδρυσαν στην Αλεξάνδρεια ένα πολύ δραστήριο Σαραπιείο. Το όνομα «Σάραπις» προέρχεται πιθανώς από το αιγυπτιακό *Όσορ-Άπης*, «ο Όσιρις του Άπη». Έτσι αποκαλούσαν το θεό Άπη μετά το θάνατό του, στο ιερό του στη Μέμφιδα όπου τον λάτρευαν με μορφή ταύρου. Ήδη από τα τέλη του 4^{ου} αι., οι λατρείες του Σάραπι και της Ίσιδος διαδίδονται έξω από την κοιλάδα του Νείλου. Σαραπιεία και Ισεία ιδρύονται σε διάφορες πόλεις της Ελλάδας: στην Αθήνα, την Ερέτρια, τη Ρόδο και βέβαια στη Δήλο.

Η ΑΦΙΞΗ ΤΟΥ ΣΑΡΑΠΙ

Η εισαγωγή της λατρείας του Σάραπι στη Δήλο μας είναι γνωστή χάρη σε ένα διάσημο κείμενο, που ονομάστηκε «Χρονικό του Σαραπιείου». Πρόκειται για μια μακρά επιγραφή χαραγμένη σε έναν αναθηματικό κίονα που βρέθηκε μέσα στο Σαραπιείο Α (1). Στο θριαμβευτικό αυτό κείμενο, όπου πρέπει βεβαίως να ληφθούν υπόψη οι μεταγενέστερες διασκευές, ο ιερέας Απολλώνιος διηγείται συνοπτικά στο πεζό πρώτο μέρος, πώς ο παππούς του Απολλώνιος έφερε στη Δήλο ένα άγαλμα του Σάραπι για να λατρεύει το θεό στο σπίτι του (ένθετο 1). Αναφέρει επίσης πως όταν ο ίδιος έγινε ιερέας με τη σειρά του, κατασκεύασε το ιερό και πέρασε εξαιτίας της πράξης του αυτής από δίκη, στην οποία θριάμβευσε χάρη στην επέμβαση του θεού, που φίμωσε εκείνους που τον κατηγορούσαν. Το δεύτερο μέρος της επιγραφής διηγείται την ίδια ιστορία σε έμμετρο λόγο και σε εκτενέστερη μορφή.

Οι ρεαλιστικές λεπτομέρειες σχετικά με την αγορά του οικοπέδου και την κατασκευή του ιερού, καθιστούν ιδιαίτερα ζωντανή τη διήγηση της εγκατάστασης του θεού στο δηλιακό του καθίδρυμα: ο ιερέας Απολλώνιος συμβουλεύεται τις αγγελίες πώλησης ακινήτων που βρισκόταν εκτεθειμένες, όπως επιβεβαιώθηκε από την έρευνα, στην κεντρική είσοδο της Αγοράς των Δηλίων (★), με υπόδειξη του θεού αγοράζει ένα οικόπεδο όχι ιδιαίτερα καλής ποιότητας, διότι ήταν «γεμάτο απορρίμματα», διευκρίνιση που υπογραμμίζει την μεγαλοσύνη του θεού σε αντίθεση με την χυδαιότητα των εχθρών του, που του αντιτίθενται. Ο Απολλώνιος αποφεύγει να αποκαλύψει το κίνητρο της κατηγορίας που του απάγγειλαν, υπενθυμίζει μονάχα ότι ο Σάραπις του επέτρεψε να θριαμβεύσει. Αυτή η αρετολογία* του Σάραπι χρονολογείται στα τέλη

Το Χρονικό του Σαραπιείου αφηγείται, σε πεζό και στη συνέχεια σε έμμετρο λόγο, την άφιξη του θεού Σάραπι στη Δήλο και το θαύμα με το οποίο έσωσε τον ιερέα του Απολλώνιο, που εκδιώχθηκε δικαστικά μετά την κατασκευή του ιερού.

Ο ιερέας Απολλώνιος παράγγειλε αυτή την επιγραφή, με διαταγή του θεού: Ο πάππος μας Απολλώνιος, Αιγύπτιος της τάξης των ιερέων, ήρθε από την Αίγυπτο μαζί με τον θεό του. Εξακολούθησε δε να τον λατρεύει σύμφωνα με το παραδοσιακό τελετουργικό και πιστεύεται ότι έζησε ενενήντα επτά έτη. Τον διαδέχτηκε ο πατέρας μου, Δημήτριος, που υπηρέτησε τους θεούς με τον ίδιο ζήλο και θεωρήθηκε άξιος από τον θεό, λόγω της ευσέβειάς του, να τιμηθεί με χάλκινο άγαλμα, που τοποθετήθηκε μέσα στο ναό του θεού. Έζησε εξήντα ένα έτη. Όταν κληρονόμησα τα ιερά αντικείμενα και εκτελούσα με επιμέλεια τη λατρεία, ο θεός μου ανακοίνωσε σε όνειρο ότι έπρεπε να του αφιερώσουμε ένα Σαραπιείο, ένα ιερό που να του ανήκει, για να μην είναι ενοικιαστής όπως πριν. Πρόσθεσε δε ότι θα έβρισκε ο ίδιος πού έπρεπε να το ιδρύσουμε και θα υποδείκνυε τον τόπο. Έτσι έγινε. Ο τόπος αυτός ήταν γεμάτος απορρίμματα και μια αγγελία στη στοά της αγοράς έλεγε ότι πωλείται. Επειδή ο θεός το ήθελε, ολοκληρώθηκε η αγορά και το ιερό χτίστηκε γρήγορα, μέσα σε έξι μήνες. Κάποια άτομα συμμάχησαν τότε ενάντια σε μας και στο θεό και κατέθεσαν ποινική αγωγή εναντίον του ιερού και εναντίον μου: έπρεπε να υποστούμε την αδικία ή να πληρώσουμε πρόστιμο, αλλά ο θεός μου ανακοίνωσε σε όνειρο ότι θα νικούσαμε. Τώρα που η δίκη τελείωσε και θριαμβεύσαμε όπως ταιριάζει στο θεό, δοξάζουμε τους θεούς και τους απευθύνουμε δικαιολογημένες ευχαριστίες.

***IG* XI, 1299, l. 1-28**

(1) *Το Χρονικό του Σαραπιείου*

του 3^{ου} ή στις αρχές του 2^{ου} αι. και εκτιμάται ότι η ίδρυση του Σαραπιείου Α είναι σύγχρονή της. Τοποθετούμε λοιπόν την άφιξη του θεού στο νησί την εποχή του παππού του συγγραφέα του Χρονικού, δηλαδή περί το πρώτο μισό του 3^{ου} αι. Το κείμενο αναφέρει πως ο Απολλώνιος ο Αιγύπτιος, αφού έζησε 97 έτη, μεταβίβασε την ιεροσύνη στο γιο του Δημήτριο, που όταν πέθανε σε ηλικία 61 ετών, την κληροδότησε με τη σειρά του στον γιο του Απολλώνιο, δηλαδή τον ιδρυτή του ιερού.
Ο Απολλώνιος ο Πρεσβύτερος, στον οποίο οφείλεται η εισαγωγή της λατρείας του Σάραπι στη Δήλο, ήταν, σύμφωνα με το Χρονικό, αιγύπτιος ιερέας από τη Μέμφιδα. Ήταν άραγε μέλος της ιερατικής τάξης του διάσημου Σαραπιείου της Μέμφιδας πριν να εγκατασταθεί στη Δήλο; Για ποιο λόγο εξορίστηκε; Είναι το όνομά του μετάφραση αιγυπτιακού ονόματος με ρίζα το όνομα του Ώρου, τον οποίο οι Έλληνες ταυτίζουν με τον Απόλλωνα; Σύμφωνα με κάποιους ήταν Αιγυπτιώτης και όχι αυτόχθων Αιγύπτιος, ίσως μάλιστα να ήταν ένας από τους Ελληνο-μεμφίτες απόγονους των Ελλήνων μισθοφόρων που είχαν υπηρετήσει τον Φαραώ Ψαμμήτιχο, κι έπειτα εγκαταστάθηκαν στη Μέμφιδα, σύμφωνα με τον Ηρόδοτο (*Ιστορίαι*, II, 154). Εν ολίγοις, η προσωπικότητα, η ιστορία και τα κίνητρα του Απολλώνιου παραμένουν αινιγματικά, αλλά οι ισιακές θεότητες φθάνουν στη Δήλο πριν από τους άλλους ξένους θεούς που ριζώνουν στο νησί μετά το 167, όταν αναπτύσσεται το εμπόριο υπό την κυριαρχία των Αθηναίων.

Η ΕΠΙΣΗΜΟΠΟΙΗΣΗ ΤΗΣ ΛΑΤΡΕΙΑΣ

Γνωρίζουμε, χάρη στις επιγραφές, ότι η πόλη της Δήλου αναγνώρισε τον Σάραπι ως θεό περί το 190-180. Προφανώς, είχε γίνει αρκετά δημοφιλής εκείνη την εποχή, ώστε η ευλάβεια στο πρόσωπό του να επισημοποιηθεί: έδρα αυτής της δημόσιας λατρείας, που ανθεί το 2ο αι. ήταν το Σαραπιείο C, παράλληλα με το Σαραπιείο Α, η διαχείριση του οποίου παραμένει στα χέρια των απογόνων του Απολλώνιου του Αιγυπτίου. Εφόσον ο θεός ανήκει πλέον στο πάνθεο της πόλης, οι ιερείς του, που λειτουργούν στο Σαραπιείο C, διορίζονται μεταξύ των Δηλίων πολιτών, και, από το 167 και εξής, μεταξύ των Αθηναίων πολιτών. Το ιερό τελεί υπό την εποπτεία των επίσημων διαχειριστών που επιβλέπουν τις δημόσιες λατρείες: αυτοί είναι οι ιεροποιοί την περίοδο της Ανεξαρτησίας κι έπειτα, την εποχή της Αθηναϊκής κυριαρχίας, αξιωματούχοι «υπεύθυνοι για τις ιερές υποθέσεις» (ἐπὶ τὰ ἱερά). Συντάσσουν ετησίως κατάλογο των κτήσεων του θεού με τη μορφή απογραφής, ορισμένοι από τους οποίους έχουν φτάσει ως εμάς. Οι ίδιοι κρατούν τους λογαριασμούς και φροντίζουν να διασφαλίσουν τη χρηματοδότηση εργασιών, κατασκευαστικών ή συντηρήσεως. Τα εισοδήματα του Σάραπι ενισχύουν πλέον το «ιερό ταμείο» της Δήλου, δηλαδή το ταμείο του Απόλλωνα.

Η επισημοποίηση της λατρείας του Σάραπι, καταδεικνύει ότι δεν πρόκειται για μειονοτική ή εξωτική θρησκεία, ούτε για «σέκτα». Για τους κατοίκους της Δήλου το 2° αι., ο Σάραπις και ο κύκλος του είναι αναπόσπαστο στοιχείο του θρησκευτικού τοπίου. Μπορεί εμείς σήμερα να τους χαρακτηρίζουμε ξένους ή ανατολίτες, είναι όμως βέβαιο ότι οι πιστοί τους δεν τους αντιμετώπιζαν έτσι.

ΕΝΑ ΠΟΛΥΣΥΝΘΕΤΟ ΠΑΝΘΕΟ

Ο Σάραπις δεν είναι ο μόνος θεός από το αιγυπτιακό πάνθεο που λατρεύεται στη Δήλο, αν και χωρίς αμφιβολία αποτελεί την κεντρική μορφή: οι επιγραφές χαρακτηρίζουν και τα τρία δηλιακά ιερά «Σαραπιεία» ενώ οι ιερείς που ασκούν τη λατρεία στο δημόσιο ιερό, φέρουν τον τίτλο του «ιερέα του Σάραπι». Ωστόσο, οι πιστοί επικαλούνται το θεό συνήθως ταυτόχρονα με την Ίσιδα και τον Άνουβι, με τους οποίους σχηματίζει τριάδα, στην οποία απευθύνονται οι περισσότερες αναθηματικές επιγραφές και στα τρία ιερά, ήδη από το ξεκίνημα της λατρείας. Από τα μέσα του $2^{ου}$ αι., προστίθεται συστηματικά ο Αρποκράτης, μια εξελληνισμένη μορφή του παιδιού Ώρου.

Οι προσωπικές προτιμήσεις των πιστών που συχνάζουν στα ιερά αυξάνουν τον αριθμό των θεών που λατρεύονται στα Σαραπιεία. Εμείς τους γνωρίζουμε κυρίως χάρη στις ατομικές αναθηματικές επιγραφές: ορισμένοι αναφέρονται συχνά, άλλοι σπανιότερα· κάποιοι είναι πολύ γνωστοί ενώ άλλοι φαίνεται πως είναι θεότητες τοπικής εμβέλειας· μερικοί είναι αιγύπτιοι, άλλοι φέρουν ελληνικά ονόματα που ίσως έχουν μεταφραστεί από τα αιγυπτιακά· όλοι είναι «σύνναοι» (μοιράζονται τον ίδιο ναό) ή «σύμβωμοι» (μοιράζονται τον ίδιο βωμό). Το πολυπληθέστερο πάνθεο το βρίσκουμε στο Σαραπιείο C, που είναι και το μεγαλύτερο από τα τρία ιερά.

Οι προσωπικότητες και τα πεδία δράσεως των αιγύπτιων θεών της Δήλου φαίνονται αρκετά ετερόκλητα. Οι θεοί Σάραπις και Ίσις είναι θεοί σωτήρες που επεμβαίνουν στα ανθρώπινα πεπρωμένα. Οι πιστοί τους αφιέρωναν μερικές φορές αναθήματα σε σχήμα αυτιών, επειδή μπορούσαν να ακούν και να εκπληρώνουν τις προσευχές (2). Ο Σάραπις εμφανίζεται στα όνειρα για να ανακοινώσει

(2)

τις επιθυμίες του στους πιστούς, όπως όταν παράγγειλε στον ιερέα Απολλώνιο να αγοράσει το οικόπεδο του μελλοντικού Σαραπιείου Α (ένθετο 1) αλλά και σε άλλες περιπτώσεις όπως μαρτυρούν άλλες αναθηματικές επιγραφές: τα αφιερώματα που μνημονεύουν έγιναν «με διαταγή» (κατὰ πρόσταγμα) (ένθετο 3, σελ. 38) ή άλλοτε «κατόπιν ονείρου» (διὰ ὀνειροκρίτου).

Η θέση των θεών με θεραπευτικές ιδιότητες είναι σημαντική στα Σαραπιεία. Τέτοιοι είναι ο Ασκληπιός, η Υγεία, ο Απαλλαξίκακος Ηρακλής («που διώχνει το κακό») ή ακόμη ο Σάραπις της Κανώπου, μιας πόλης στο Δέλτα του Νείλου, που το ιερό της φημίζονταν για τις θεραπείες του. Οι ισιακές θεότητες προστατεύουν τους θαλασσοπόρους και φυλάγουν τους πιστούς από τους κινδύνους της θάλασσας: στη Δήλο, μερικές φορές επικαλούνται την Ίσιδα ως εύπλοια, «που προστατεύει τη ναυσιπλοΐα», έχουμε μάλιστα ένα ανάγλυφο όπου παριστάνεται η θεά να εφευρίσκει το ιστίο (Ίσις Πελαγία: 3). Με αυτές τις λατρείες συνδέονται και άλλοι θεοί προστάτες των ναυτικών, όπως οι Διόσκουροι. Γενικά, οι ισιακές θεότητες θεωρούνται ευεργετικές και η

(3)

(4)

(5)

Ίσιδα παριστάνεται συχνά να κρατάει κέρας αφθονίας (4). Το ίδιο σύμβολο εμφανίζεται και σε αποτυπώματα σφραγίδων που βρέθηκαν στο Σαραπιείο C (5). Είναι προφανές ότι οι πιστοί έχουν άφθονους λόγους να επικαλούνται τον Σάραπι, την Ίσιδα ή τους θεούς του κύκλου τους. Εξάλλου, οι πολυσχιδείς ικανότητές τους εξηγούν επίσης την δημοτικότητά τους στο νησί.

Οι αναπαραστάσεις αυτών των θεοτήτων στη Δήλο είναι καθαρά εξελληνισμένες. Ένα αγαλματίδιο ένθρονου θεού, που δεν έχει απολύτως τίποτε εξωτικό στην εμφάνιση,

(6)

προέρχεται από το Σαραπιείο Β (**6**). Το κεφάλι και τα μπράτσα έχουν χαθεί αλλά, αν κρίνουμε από τη θέση του ώμου, το δεξί χέρι ήταν σηκωμένο και κρατούσε ίσως σκήπτρο. Ένα άλλο αγαλματίδιο (Α 1990 + Α 2003) από το ίδιο ιερό, παριστάνει ένα καθιστό γενειοφόρο θεό, τυλιγμένο με πανωφόρι που αφήνει ακάλυπτο ένα μέρος του κορμού του και τον δεξί του ώμο. Τα πόδια του πατούν σε υποπόδιο όπου αναγράφεται το όνομα ενός ιερέα, αλλά η αναθηματική επιγραφή έχει χαθεί. Ο μόνος λόγος να θεωρηθούν αυτά τα αντικείμενα εικόνες του Σάραπι, είναι ο χώρος όπου

(7)

ανακαλύφθηκαν, γιατί ο θεός δεν φέρει κανένα από τα συνήθη του εμβλήματα. Η Ίσιδα επίσης παριστανόταν ως ελληνική θεότητα: στο Σαραπιείο C, ένα άγαλμά της ορθώνεται μέσα στο ναό της ως σήμερα (7). Το κεφάλι και τα μπράτσα της έχουν χαθεί, αλλά είναι σαφές ότι είχε εικονιστεί «με τον ελληνικό τρόπο», ντυμένη με ένα ένδυμα (*χιτώνα*) και τυλιγμένη σε ένα πανωφόρι (*ιμάτιο*).

Ωστόσο, σώθηκαν και μερικές πιο εξωτικές εικόνες των αιγυπτίων θεών της Δήλου: ειδώλια που εικονίζουν την Ίσιδα σύμφωνα με τους αιγυπτιακούς κανόνες, με νωτιαίο πεσσό (8)· το στέμμα της Αθώρ* που βρίσκουμε σε ανάγλυφα ή αποτυπώματα σφραγίδων υπενθυμίζει την καταγωγή της (9)· ένα αγαλματίδιο του Άνουβι με κεφαλή τσακαλιού, από το Σαραπιείο Α, που μαρτυρεί επίσης ανατολίτικη επιρροή (10). Το σώμα του θεού ήταν ντυμένο με ελληνικού τύπου ένδυμα, αλλά η κυνοκεφαλή τον συσχετίζει ξεκάθαρα με τις θηριόμορφες* αναπαραστάσεις της κοιλάδας του Νείλου. Άλλες εικόνες μας είναι γνωστές μόνο από τις επιγραφές: ένας κατάλογος του 145-144, αναφέρει άγαλμα γερακιού, πιθανή εικόνα του Ώρου. Ωστόσο, τα παραδείγματα αυτά παραμένουν σπάνια και οι θεοί των Σαραπιείων ήταν ως επί το πλείστον ανθρωπόμορφοι, όπως είναι συνήθως οι Έλληνες θεοί.

(8)

(9)

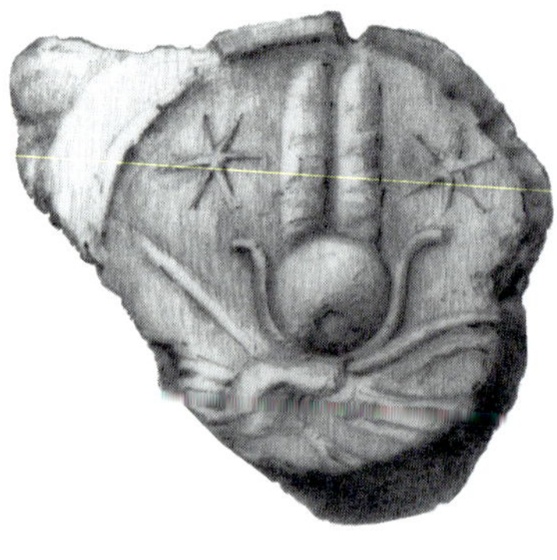

(10)

(11)

Τρία αξιοθέατα ιερά

Οι αιγυπτιακές λατρείες άφησαν άφθονα υλικά κατάλοιπα στη Δήλο: η αρχαιολογική έρευνα στα τέλη του 19ου και στις αρχές του 20ου αι. έφερε στο φως τρία ιερά του Σάραπι στο νησί. Όλα βρίσκονται στην ίδια συνοικία, τη λεγόμενη «του Ινωπού», ονομασμένη από το κύριο υδάτινο ρεύμα της Δήλου, που έρρεε στην περιοχή. Στην Αρχαιότητα, θεωρούσαν ότι ο Ινωπός ανάβλυζε από το Νείλο και ίσως αυτή η δοξασία εξηγεί εν μέρει την ίδρυση των αιγυπτιακών ιερών σε αυτό το τμήμα της πόλης. Ενδέχεται βέβαια, η συνοικία αυτή να ήταν πιο αραιοκατοικημένη από εκείνη του θεάτρου ή από την περιοχή γύρω από το ιερό του Απόλλωνα, πράγμα που επέτρεπε στους νέους θεούς να βρουν ένα χώρο για να εγκατασταθούν. Οι πρώτες ανασκαφές έγιναν στο Σαραπιείο C, η θέση του οποίου ήταν γνωστή από τις αρχές του 19ου αι. όταν ο Charles Robert Cockerell περνώντας από τη Δήλο το 1810, είχε αντιγράψει επιγραφές, που ανέφεραν αιγύπτιους θεούς. Μια πρώτη έρευνα πραγματοποιείται το 1880, αλλά οι ανασκαφείς αποκαλύπτουν τα μνημεία πολύ αποσπασματικά. Τα τρία ιερά ερμηνεύονται λανθασμένα ως ένα, το οποίο ονομάζουν «ιερό των ξένων θεών». Το Ηραίον (★) θεωρείται ναός του Σάραπι και το όριο ανάμεσα στο συριακό (★) και το αιγυπτιακό ιερό (★) δεν αναγνωρίζεται.

Οι ανασκαφές επαναλαμβάνονται στο Σαραπιείο C το 1909 και 1910. Ένα χρόνο αργότερα (II), ταυτίζεται το ιερό και αναγνωρίζονται τα όριά του με το Ηραίο και το ιερό της σύριας θεάς Αταργάτιδος. Το 1910 επίσης, ο Pierre Roussel, που είχε διευθύνει τις ανασκαφές στο «άνδηρο των ξένων θεών», αποκαλύπτει το Σαραπιείο B, λίγο χαμηλότερα από το συριακό ιερό. Το 1911, ο Johannès Pâris που έσκαβε στην κοιλάδα του Ινωπού, ανακαλύπτει το Σαραπιείο Α και τον κίονα με το κείμενο του Χρονικού.

Ο Pierre Roussel δημοσίευσε ήδη από το 1916 την ιστορία των αιγυπτιακών λατρειών στη Δήλο και εξέδωσε όλες τις σχετικές επιγραφές του νησιού. Του οφείλουμε την ονομασία των τριών Σαραπιείων με τα γράμματα Α, Β και C, που θεωρεί ότι αντιστοιχούν στην χρονολόγηση τους. Ωστόσο, η χρονολογία της κατασκευής τους παραμένει υποθετική, όπως και η σειρά με την οποία διαδέχτηκαν το ένα το άλλο.

ΤΟ ΣΑΡΑΠΙΕΙΟ Α

Το Σαραπιείο Α (★) θεωρείται λοιπόν το αρχαιότερο από τα τρία ιερά (12 και 13). Οι εγκαταστάσεις του είναι απλές: οι τοίχοι έχουν κατασκευαστεί με ντόπια υλικά και η λιθοδομή ήταν αρχικά καλυμμένη με επίχρισμα που έκρυβε τις ανομοιογένειες. Βρίσκεται αμέσως χαμηλότερα από την οδό που οδηγεί στη Δεξαμενή του Ινωπού (★) και είναι προσβάσιμο από μια μέτριας ποιότητας κλίμακα στον βόρειο τοίχο του.

Τα κτίρια του ιερού είναι ορατά από το κατώφλι της βόρειας θύρας όπως και από τη νότια όχθη του Ινωπού (14). Αναπτύσσονται γύρω από μία μικρή αυλή στρωμένη με μεγάλες πλάκες γνευσίου (12, B). Στα ανατολικά ορθώνεται ένας ναός (A), ένας απλός *σηκός** με μία κλίμακα μπροστά. Κάτω από το δάπεδο έχει διαμορφωθεί ένας ημιυπόγειος χώρος, μια κρύπτη, η θύρα της οποίας βρίσκεται στα νότια του ναού. Οδηγεί σε μια μεγάλη δεξαμενή που τροφοδοτείται από τον υπόγειο υδροφόρο ορίζοντα (15). Η δεξαμενή έχει μήκος, από τα δυτικά προς τα ανατολικά, περίπου 4,50 μ.

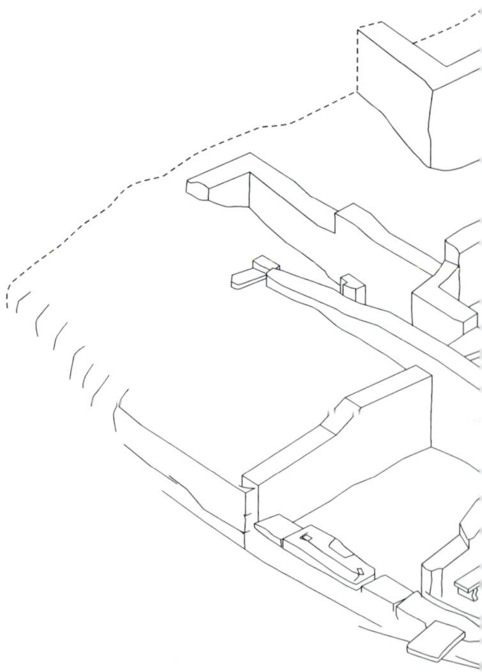

Επειδή το ανατολικό της τοίχωμα έχει καταρρεύσει, οι ακριβείς διαστάσεις και χωρητικότητά της παραμένουν άγνωστες. Η άντληση του νερού του πηγαδιού ήταν σίγουρα δυνατή από την κρύπτη, αλλά και από ένα τετράγωνο φρεάτιο, που είχε ανοιχτεί στην ανατολική πρόσοψη του ναού.

Στα βόρεια, δύο χώροι επικοινωνούσαν με την αυλή, εκατέρωθεν της κλίμακας: ο πρώτος, στα βορειο-ανατολικά, καταλαμβάνει ένα υπερυψωμένο άνδηρο. Δύο από τους τοίχους του περιείχαν χτιστές κόγχες (**D**). Ήταν πιθανότατα στεγασμένος, αλλά δεν μένει κανένα ίχνος από τα στηρίγματα της στέγης. Στα βορειο-δυτικά, μια δεύτερη

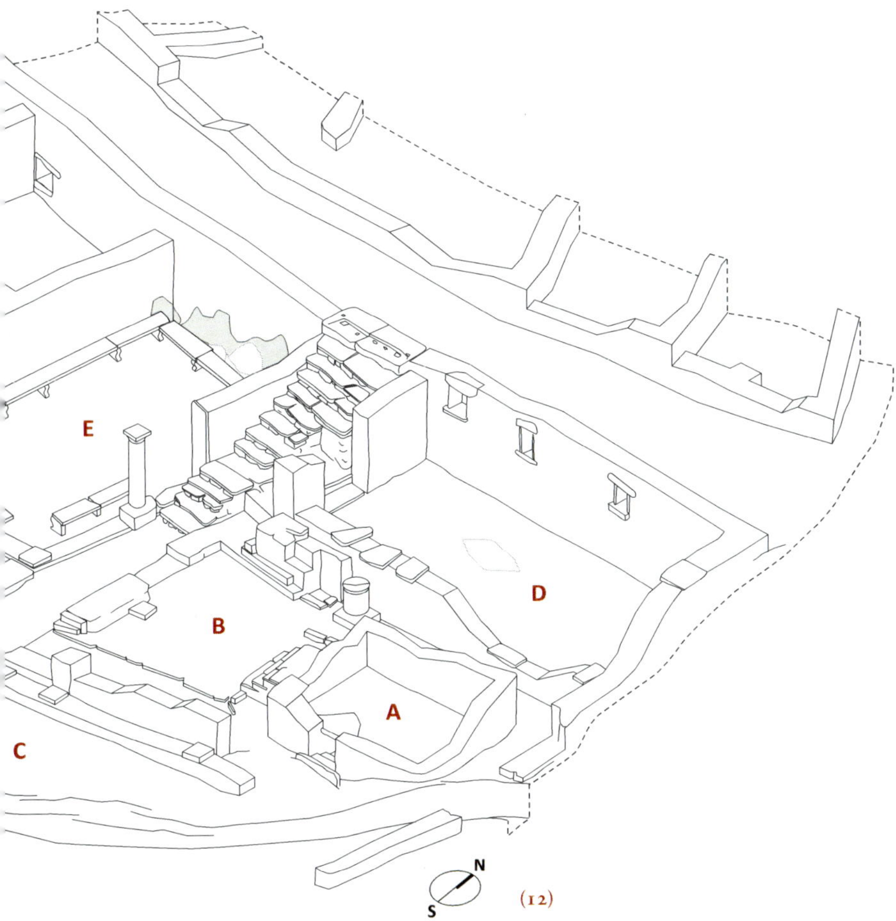

(12)

(13)

(14)

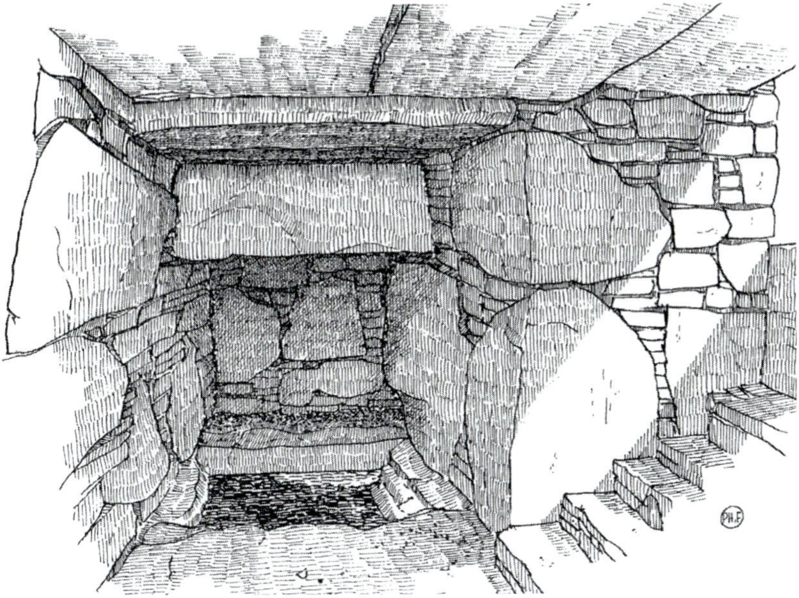

(15)

(16)

αίθουσα με ακανόνιστη κάτοψη ήταν εξοπλισμένη με μαρμάρινους πάγκους, που βρέθηκαν σε πλήρη ακαταστασία κατά τις ανασκαφές των αρχών του 20ου αι (12, E, 16). Οι πάγκοι φέρουν τα ονόματα των πιστών που τους αφιέρωσαν στο Σάραπι, την Ίσιδα και τον Άνουβι. Σε έναν από αυτούς διακρίνονται ακόμη άβακες που χαράχτηκαν πιθανώς για επιτραπέζια παιχνίδια.

Στα νότια, τέλος, βρισκόταν ένας τρίτος χώρος (C) οι τοίχοι του οποίου καταστράφηκαν σε μεγάλο βαθμό από την κατασκευή, πιθανώς τον 4ο αι μ. Χ., ενός θεμελίου για υδραγωγείο που συγκέντρωνε το νερό του Ινωπού. Η όψιμη αυτή κατασκευή κατεδαφίστηκε από τους ανασκαφείς των αρχών του 20ου αι. Αν και η κατανόηση της οργάνωσης αυτού του τομέα του ιερού είναι δύσκολη εξαιτίας των διαδοχικών ανακατατάξεων, είναι δυνατό να αποκατασταθεί σε γενικές γραμμές η κάτοψη της νότιας αίθουσας: ανοιγόταν προς την αυλή με μια κιονοστοιχία, εν μέρει φραγμένη με τοίχο που εφάπτεται στους κίονες. Οι πρόσφατες ανασκαφικές έρευνες επιβεβαίωσαν ότι το μικρό αυτό ιερό είχε κατασκευαστεί από τον Απολλώνιο, τον συγγραφέα του Χρονικού, στα τέλη του 3ου ή στις αρχές του 2ου αι. Χρησιμοποιήθηκε χωρίς διακοπή καθ' όλη την Ελληνιστική Εποχή, αν και η συντριπτική πλειοψηφία των αναθηματικών επιγραφών που ανακαλύφθηκαν εκεί χρονολογείται στα πρώτα έτη του 2ου αι. Δεν φαίνεται να εγκαταλείφθηκε πριν από τις αρχές του 1ου αι., όταν το νησί ερημώνεται εν μέρει και η εμπορική του σημασία φθίνει, λόγω των επιδρομών από τα στρατεύματα του Μιθριδάτη. Δεν εντοπίστηκαν ενδείξεις λατρείας ή κατασκευών, που να μπορούν να χρονολογηθούν με βεβαιότητα μετά το 69.

ΤΟ ΣΑΡΑΠΙΕΙΟ Β

Οι κατασκευές που αποτελούν το Σαραπιείο Β (★) είναι διευθετημένες κλιμακωτα, επάνω στο λόφο που δεσπόζει της δεξαμενής του Ινωπού (17). Η πρόσβαση γίνεται από μια στενή είσοδο ανάμεσα σε δύο καταστήματα επί της οδού που εκτείνεται κατά μήκος της ανατολικής πλευράς της δεξαμενής. Η είσοδος ήταν εξοπλισμένη με δύο μαρμάρινους πάγκους, μόνο ένας από τους οποίους διατηρείται, μπαίνοντας στα αριστερά, ακουμπισμένος στον βόρειο τοίχο· φέρει αναθηματική επιγραφή στους αιγύπτιους θεούς. Η είσοδος αυτή καταλήγει σε μία κλίμακα, που οδηγεί στις αίθουσες του ιερού (18). Στα νότια, ένα πλατύσκαλο οδηγεί σε μικρό χώρο οι τοίχοι του οποίου έχουν σχεδόν ολοκληρωτικά καταρρεύσει. Άλλο ένα πλατύσκαλο, προς Βορρά, οδηγεί σε μια αίθουσα ή, το πιθανότερο, μια τετράγωνη αυλή με αξιοπρόσεκτη διαρρύθμιση: το δυτικό της τμήμα καταλαμβάνεται από τρία μικρά διαμερίσματα πλάτους δύο μέτρων περίπου, χωρισμένα μεταξύ τους με τοίχους ή τοιχάρια, που πλέον έχουν κατεδαφιστεί.

(17)

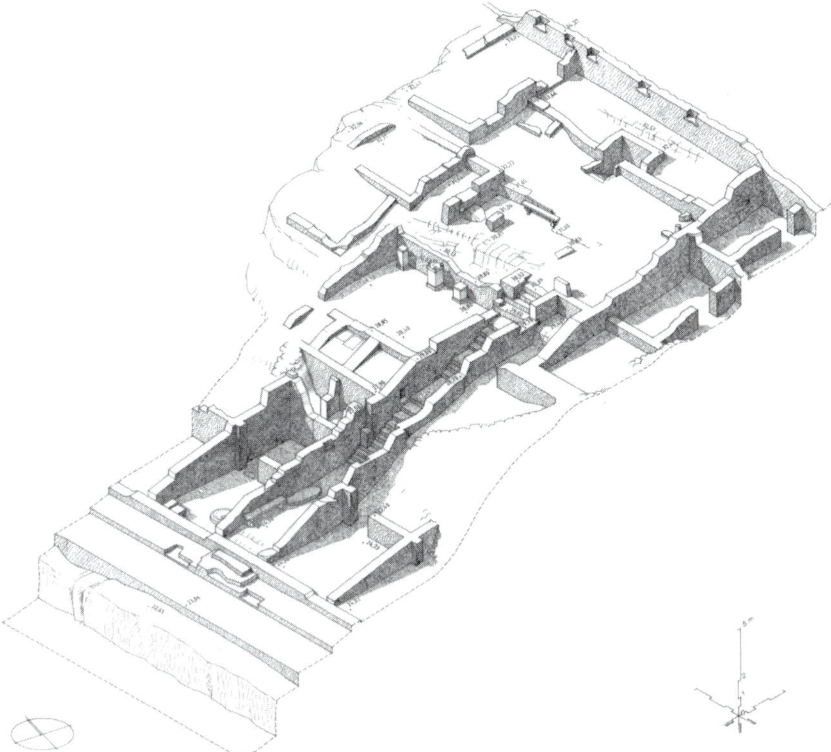

(18)

(19)

Μπορούμε να φανταστούμε εδώ τους τρεις ναΐσκους με τα αγάλματα του Σάραπι, της Ίσιδος και του Άνουβι. Σε επαφή με τον ανατολικό τοίχο της αυλής μπροστά σε κάθε ένα από τα διαμερίσματα, βρισκόταν τρεις βωμοί αφιερωμένοι στους θεούς του ιερού από τα μέλη διάφορων ισιακών συλλόγων. Οι δύο επιπλέον βωμοί που είναι ορατοί σήμερα στο σημείο αυτό, τοποθετήθηκαν εκεί μετά τις ανασκαφές (**19**).
Η κλίμακα συνεχίζει προς τα ανατολικά μέχρι μια αυλή, όπου ανοίγονται, όπως στο Σαραπιείο Α, μερικές αίθουσες και ένας ναός με μαρμάρινη πρόσοψη που ξεχωρίζει, καθώς έρχεται σε αντίθεση με τους άλλους τοίχους, που όλοι έχουν κατασκευαστεί από διαφόρων ειδών λίθους και σώζονται σε άσχημη κατάσταση (**20**). Ο ναός είναι πολύ κατεστραμμένος επίσης: λείπει περίπου το ένα τρίτο του τοίχου της πρόσοψης. Μπροστά από το ναό και με κατάληξη στην πρόσοψή του, βρίσκεται ένας τοίχος στη συνέχεια του οποίου βρίσκονται δύο πάγκοι. Ανάλογοι πάγκοι είναι σχεδόν βέβαιο ότι υπήρχαν στην νοτιοδυτική γωνία της αυλής αλλά ίσως και στο δυτικό της τμήμα, το οποίο σήμερα έχει καταστραφεί. Ο χώρος φαίνεται διαρρυθμισμένος για να φιλοξενεί συγκεντρώσεις πιστών, μπροστά στον κυρίως ναό (**21**).
Το ανατολικό τμήμα της αυλής καταλαμβάνεται από ένα μακρύ άνδηρο όπου βρισκόταν πιθανώς μια στοά. Μια ημιυπόγεια κρύπτη (**22**), στην οποία οδηγούν μερικές βαθμίδες, διαμορφώθηκε εκεί. Αντίθετα με εκείνη του Σαραπιείου Α, δεν έχει κανένα σύστημα άντλησης νερού. Ωστόσο, το επίχρισμα του δαπέδου της (που σήμερα καλύπτεται

(20)

(21)

(22)

από μια στρώση άμμου) περιέχει κεραμικά θραύσματα μέσα σε παχύ υδραυλικό κονίαμα, πράγμα που υποδεικνύει ότι στο χώρο μάλλον διατηρούσαν νερό, ίσως μέσα σε πίθους. Στη βορειο-ανατολική γωνία της αυλής, βρίσκεται ένας τελευταίος χώρος του οποίου το δάπεδο είναι ελαφρώς υπερυψωμένο. Ήταν προσβάσιμος από την αυλή και την ανατολική στοά.

Οι επιγραφές που προέρχονται από αυτό το ιερό δεν παρέχουν μια απολύτως ακριβή εικόνα της ιστορίας του. Ο Pierre Roussel είχε χρονολογήσει την κατασκευή του στις αρχές του $2^{ου}$ αι. με βάση επιγραφικές ενδείξεις. Εντούτοις, οι δοκιμαστικές τομές έδειξαν ότι τα οικοδομήματα δεν είναι προγενέστερα του τέλους του $2^{ου}$ ή των αρχών του $1^{ου}$ αι. Ο προορισμός του συγκροτήματος αποτέλεσε επίσης αντικείμενο συζήτησης: σχεδόν όλες οι επιγραφές που συλλέχθηκαν εδώ προέρχονται από πιστούς οργανωμένους σε σωματεία και επιτρέπουν να υποθέσουμε ότι το Σαραπιείο Β ήταν έδρα συλλόγου, όπως άλλοι παρόμοιοι χώροι που γνωρίζουμε στο νησί (π.χ. των Βυρητίων Ποσειδωνιαστών), και όχι ιερό με την αυστηρή έννοια του όρου.

ΤΟ ΣΑΡΑΠΙΕΙΟ C

Δημόσιο ιερό των αιγυπτίων θεών στη Δήλο, το τρίτο Σαραπιείο (★) ήταν πολύ μεγαλύτερο από τα άλλα δύο (23). Καταλαμβάνει ένα ευρύχωρο τεχνητό άνδηρο στην

(23)

πλαγιά του λόφου Κύνθου. Τα μνημεία του, προπαντός ο ναός της Ίσιδος του οποίου η πρόσοψη αναστηλώθηκε στις αρχές του 20ου αι., είναι ορατά από το λιμάνι και τραβούν την προσοχή όσων έρχονται τη Δήλο. Το Σαραπιείο C διαμορφώθηκε σταδιακά, από την εποχή της ίδρυσής του, ίσως περί το 190-180, οπότε ο Σάραπις αναγνωρίστηκε επίσημα από τους Δηλίους, μέχρι τις αρχές του 1ου αι., όταν έφτασε στο απόγειό του. Προφανώς, εγκαταλείφθηκε βαθμιαία μετά τα γεγονότα του έτους 69.

Σήμερα, ο επισκέπτης πλησιάζει το ιερό συνήθως από τα βόρεια, ερχόμενος από το Μουσείο από όπου ξεκινά ένα σηματοδοτημένο μονοπάτι (24, A). Στην Αρχαιότητα, η κύρια είσοδος του ιερού ήταν η μνημειώδης πύλη στην νότια άκρη, από την οποία σώζονται μόνο τα θεμέλια. Τούτο το πρόπυλο* οδηγούσε σε ένα εκτεταμένο ανοιχτό χώρο περιστοιχισμένο στα νότια, ανατολικά και δυτικά με δωρικές στοές (B) των οποίων βρέθηκαν πολυάριθμα αρχιτεκτονικά μέλη. Στο κέντρο, μια πλακόστρωτη οδός (D), μήκους περίπου 40μ και πλάτους 5μ, διακοσμημένη με αγαλματίδια σφιγγών εναλλάξ με βωμούς (11 και 25), οδηγεί σε ένα κτίριο (C) στο νότιο όριο του ανδήρου. Το κτίριο ανοίγεται προς Βορρά, στην οδό με τις σφίγγες, στην αντίθετη κατεύθυνση από την κύρια είσοδο του ιερού, και περιλαμβάνει ένα τετράγωνο χώρο με προθάλαμο. Έχει κάτοψη ναού αλλά οι ανασκαφές αποκάλυψαν ότι ο *σηκός* του καταλαμβάνονταν ολόκληρος από ένα πηγάδι, που έχει πλέον επιχωθεί. Πρόκειται προφανώς για υδραυλική κατασκευή.

Από τη νότια πλατεία, περνούσε κανείς στη βόρεια αυλή, που ήταν χωρίς αμφιβολία το αρχαιότερο τμήμα του ιερού και όπου βρέθηκαν τα περισσότερα μνημεία και αναθηματικές βάσεις. Η πλακόστρωτη αυλή (24 και 26, G) ορίζεται στα νότια και δυτικά από μια ιωνική στοά σε σχήμα Γ της οποίας σώζονται πολυάριθμα αρχιτεκτονικά μέλη. Κίονες, κιονόκρανα και στοιχεία του θριγκού επιτρέπουν να αναπαραστήσουμε την εμφάνισή της. Στα βόρεια της αυλής υψώνονταν ο ναός του Σάραπι (F, 27), που ανοιγόταν προς Νότο. Με αρχιτεκτονικά κριτήρια, μπορεί να χρονολογηθεί στις αρχές του 2ου αι. και οπωσδήποτε πριν από το 167. Απέναντι από το ναό, εντός της αυλής, διακρίνονται οι τοίχοι ενός βωμού (32). Στα ανατολικά, περίπου δύο μέτρα ψηλότερα από το δάπεδο της αυλής, σε ένα βραχώδες πλάτωμα διαμορφωμένο σε άνδηρο, ορθώνονταν διάφορα κτίρια εκ των οποίων ο αναστηλωμένος ναός της Ίσιδος (I, 28). Τα αρχιτεκτονικά μέλη της πρόσοψής του σώζονται σε αρκετά καλή κατάσταση. Η χαραγμένη στο επιστύλιο επιγραφή μας πληροφορεί ότι η πρωτοβουλία για την

(24)

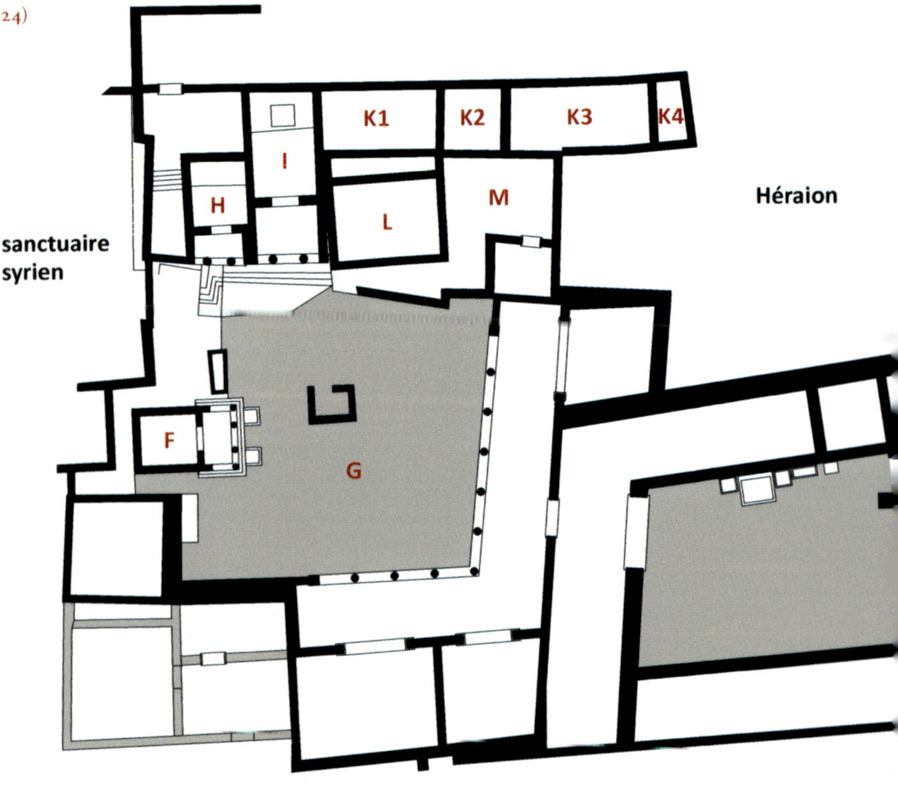

(25)

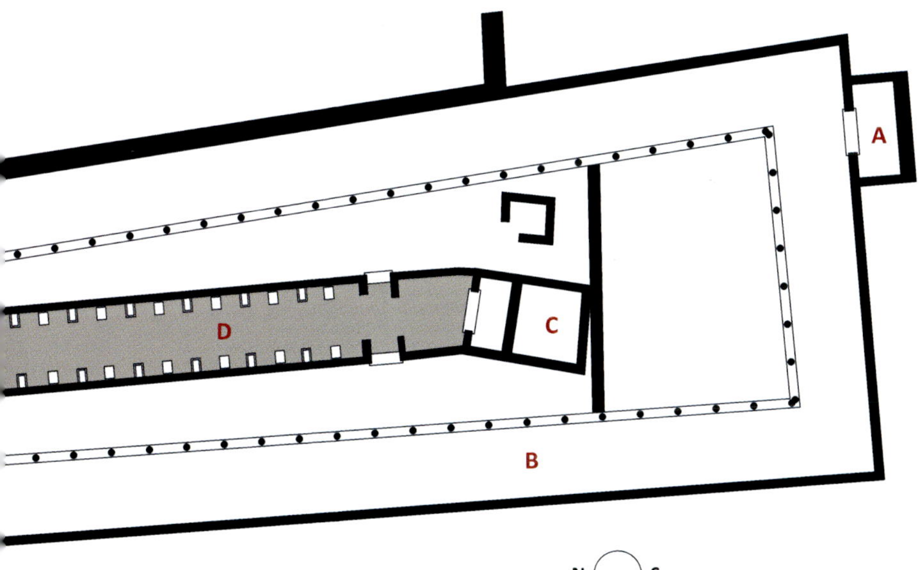

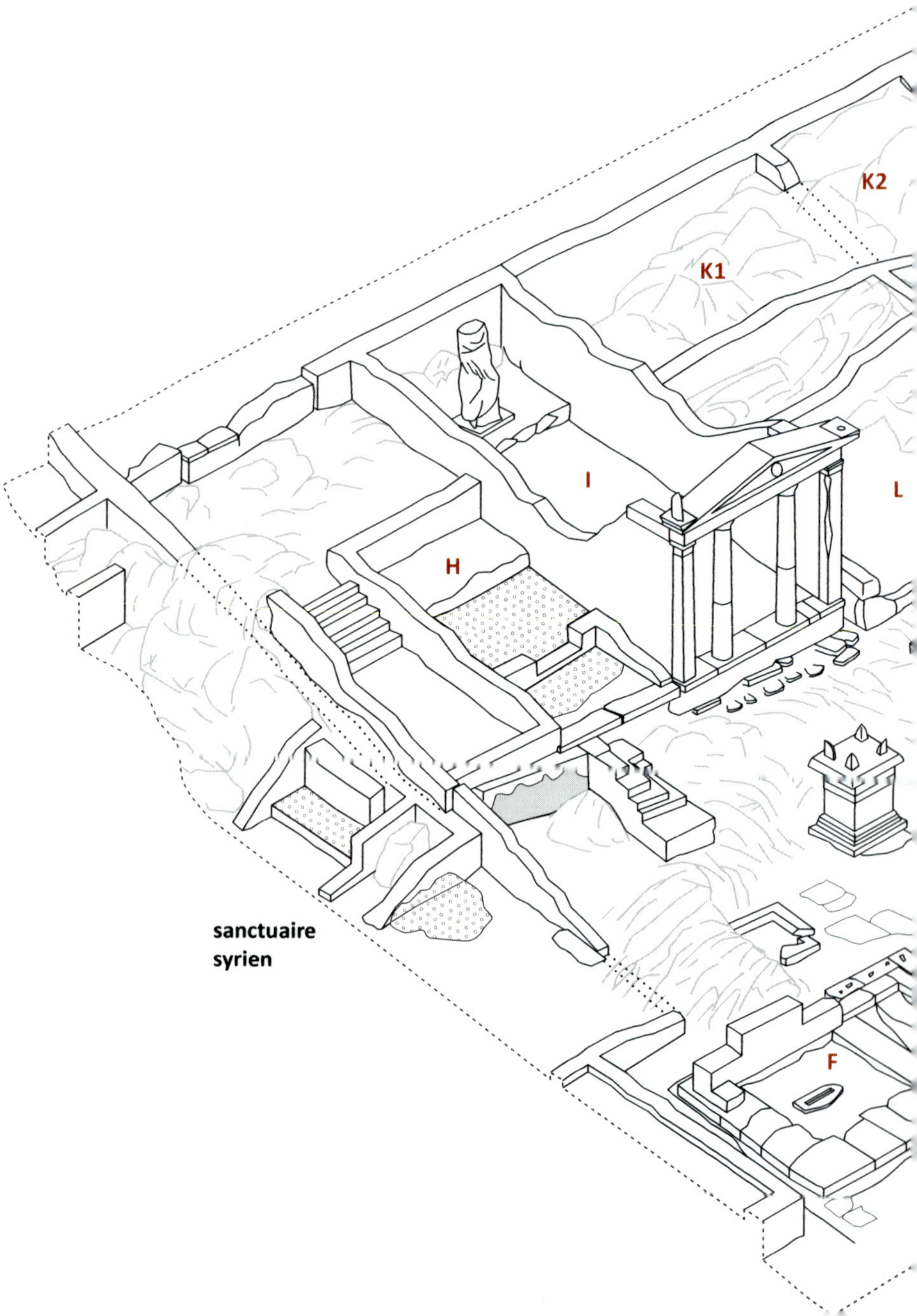
K2
K1
I
L
H
F
sanctuaire
syrien

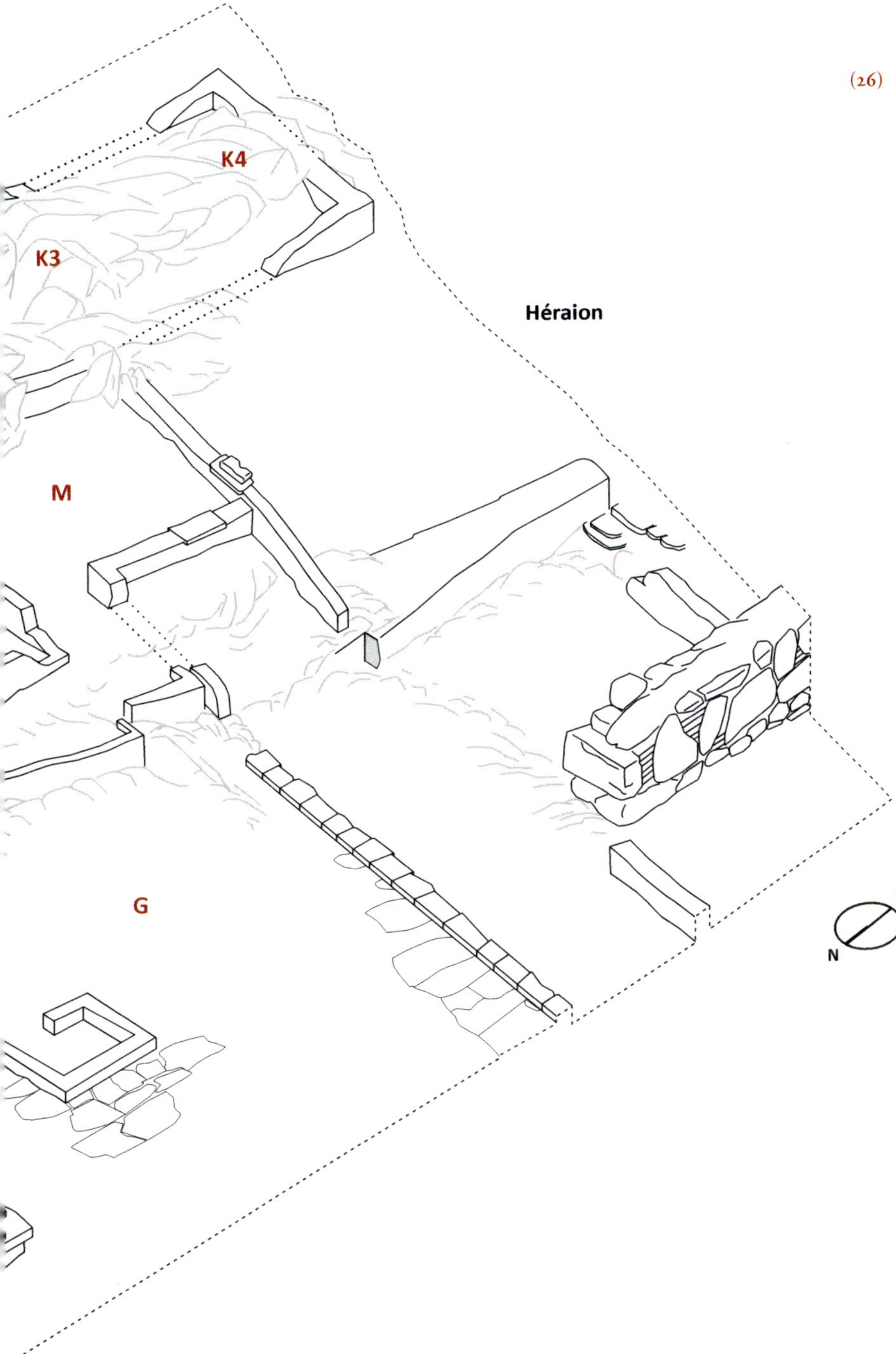
K4
K3
Héraion
M
G
S
N

ίδρυση του ναού ανήκει στους Αθηναίους. Το άγαλμα της θεάς επανατοποθετήθηκε στα ερείπια της βάσης του (7). Η αναθηματική του επιγραφή χρονολογείται το έτος 128-127, που χωρίς αμφιβολία συμπίπτει περίπου με την χρονολογία κατασκευής του ναού. Εκατέρωθεν του κτιρίου αυτού βρίσκονται κατασκευές που ταυτίζονται με δυσκολία: στα βόρεια, τα ερείπια ενός ακόμη ναΐσκου (24 και 26, H), ίσως αφιερωμένου στον Άνουβι, και στα νότια, ένα σύνολο χώρων σε πολύ κακή κατάσταση (K, L, M) που ενίοτε ταυτίστηκε με το παστοφόριο* για το οποίο κάνουν λόγο ορισμένα κείμενα. Εν πάση περιπτώσει, αγνοούμε ποιες δραστηριότητες φιλοξενούσε.

Η πλειονότητα των ορατών κατασκευών στο Σαραπιείο C, εκτός βέβαια από το ναό του Σάραπι στη βόρεια αυλή, χρονολογούνται μόλις στο δεύτερο μισό του 2ου αι. ή, όπως οι κατασκευές του νότιου ανδήρου, στις αρχές του 1ου αι. Κάποια κακοδιατηρημένα κατάλοιπα, εμφανή κατά τόπους, μαρτυρούν την ύπαρξη αρχαιότερων κατασκευών, αλλά είναι αδύνατο να ανασυνθέσουμε ένα σύνολο που να παρουσιάζει κάποια συνοχή, πριν από το τέλος του 2ου αι. Ξέρουμε ωστόσο ότι το ιερό λειτουργούσε ήδη

(27)

από το 190-180. Η οργάνωσή του κατά την εποχή της Ανεξαρτησίας και στις αρχές της αθηναϊκής κυριαρχίας παραμένει αδιευκρίνιστη, ενώ τα ορατά ερείπια αντιπροσωπεύουν την τελευταία φάση του, μεταξύ του 130 και του 69.

(28)

Λατρευτική οργάνωση και συνήθειες

Τα κείμενα των επιγραφών που ανακαλύφθηκαν κατά τις ανασκαφές των τριών Σαραπιείων, μας παρέχουν αρκετές πληροφορίες σχετικά με την οργάνωση της λατρείας. Ωστόσο, καθώς δεν επεκτείνονται ιδιαίτερα στις θρησκευτικές εορτές, τις τελετές και τις θυσίες, οι σχετικές υποθέσεις βασίζονται κυρίως στην παρατήρηση των αρχιτεκτονικών καταλοίπων και του εξοπλισμού που έφτασε ως εμάς. Δεν είναι άλλωστε διόλου απίθανο να συνηθίζονταν στη Δήλο λατρευτικές πρακτικές που έχουν πιστοποιηθεί σε άλλα Ισεία ή Σαραπιεία της Ελληνιστικής Ελλάδας ή Αιγύπτου, των οποίων τα ίχνη βρίσκουμε αργότερα στην Ιταλία (**29**).

ΤΟ ΛΑΤΡΕΥΤΙΚΟ ΠΡΟΣΩΠΙΚΟ ΚΑΙ ΟΙ ΣΥΛΛΟΓΟΙ ΤΩΝ ΠΙΣΤΩΝ

Σε κάθε ένα από τα τρία Σαραπιεία η λατρεία των αιγυπτίων θεών οργανώνεται διαφορετικά. Στο Σαραπιείο Α, που είναι ιδιωτικό, η ιεροσύνη είναι κληρονομική χωρίς όριο διάρκειας, όπως φαίνεται στο Χρονικό του Απολλώνιου (ένθετο 1). Μια άλλη επιγραφή, μάλλον του 164, αναφέρει ένα Δημήτριο από τη Ρήνεια, ιερέα, πιθανότατα απόγονο, ίσως γιο, του Απολλώνιου, όπως φαίνεται από το μικρό του όνομα που συναντάται συχνά στην οικογένεια. Πρόκειται για μεταγραφή του *senatus-consultum** που επιτρέπει στον ιερέα του Σαραπιείου να μείνει στο νησί παρά το αθηναϊκό διάταγμα απέλασης των κατοίκων (ένθετο 2). Η άδεια του παραχωρείται πιθανότατα επειδή το ιερό του ανήκε προσωπικά, αφού ήταν απόγονος του Απολλώνιου. Οι αφιερώσεις αναφέρουν άλλον ένα Δημήτριο, που λέγεται επίσης Τελεσαρχίδης, από τη Δήλο, και έναν «Δημήτριο, γιο του Δημητρίου». Είναι δύσκολο να προσδιορίσουμε την τάξη διαδοχής αυτών των προσώπων, τα ονόματά τους πάντως δείχνουν ότι όλοι οι ιερείς του Σαραπιείου Α επιλέγονταν από την ίδια οικογένεια. Μαζί με τον ιερέα, ιερουργούσαν ίσως κάποιοι βοηθοί: σε μια αδιευκρίνιστη εποχή και με άγνωστη διάρκεια (προσωρινά; μόνιμα;) ένας «υπεύθυνος για τις θεραπείες», ο Ώρος, γιος του Ώρου, από το Κάσιο, προφανώς αιγυπτιακής καταγωγής.

Ο κλήρος του Σαραπιείου C μας είναι καλύτερα γνωστός χάρη στα άφθονα επιγραφικά ευρήματα. Οι ιερείς του Σάραπι ανανεώνονται κάθε χρόνο, όπως συνηθίζεται στην ελληνική λατρεία. Τα ονόματά τους εμφανίζονται σχεδόν σε όλες τις αναθηματικές

Σκαλισμένο στο Σαραπιείο Α, το κείμενο αποτελεί αντίγραφο της απόφασης της Ρωμαϊκής Συγκλήτου, που επιτρέπει στον ιερέα του Σάραπι να εξακολουθήσει να ιερουργεί. Χρονολογείται περί το 164, λίγο μετά από την εκδίωξη των Δηλίων το 167.

Οι στρατηγοί προς τον Χαρμίδη, επιμελητή της Δήλου, χαίρε. Μετά από μακρές διαβουλεύσεις στο Συμβούλιο σχετικά με την απόφαση που έφερε από τη Ρώμη ο Δημήτριος από τη Ρήνεια που αφορά την υπόθεση του Σαραπιείου, αποφασίστηκε να μην εμποδιστεί να ανοίξει και να υπηρετεί το ιερό όπως προηγουμένως, και να σου γράψει επ' αυτού για να είσαι πληροφορημένος. Συνάπτουμε εδώ το αντίγραφο της απόφασης που μεταφέρθηκε από εκείνον:
«Ο Κόιντος Μινύκιος, γιος του Κοΐντου, πραίτορας συμβουλεύτηκε τη Σύγκλητο κατά τη συνεδρία των εμβόλιμων καλενδών. Παρέστησαν μάρτυρες της σύνταξης (του βουλεύματος της Συγκλήτου) οι Πόπλιος Πόρκιος, γιος του Ποπλίου, Τεβέριος Κλαύδιος, γιος του Τεβερίου, της Κρυστομίνας φυλής, Μάνιος Φοντήιος, γιος του Γαΐου. Σχετικά με όσα εξέθεσε ο Δημήτριος από τη Ρήνεια (αιτών) να του επιτραπεί να υπηρετεί το ιερό του Σάραπι στη Δήλο, και (αναφέρων) ότι οι Δήλιοι και ο έπαρχος από την Αθήνα τον εμποδίζουν. Επ' αυτών η απόφαση είναι η εξής: όπως το υπηρετούσε προηγουμένως, έχει άδεια, όσο εξαρτάται από εμάς, να το υπηρετεί, υπό την προϋπόθεση να μην γίνει τίποτε αντίθετο με την απόφαση της Συγκλήτου. Ψηφίστηκε.»

***ID* 1510**

(2) ***Sénatus-consultum* (*βούλευμα*) *της Δήλου***

επιγραφές, επειδή χρησίμευαν ως χρονολογικό ορόσημο των αναθημάτων (ένθετο 3). Ο ιερέας του Σάραπι αναφέρεται επίσης στον κατάλογο των ιερατικών αξιωμάτων της Δήλου κατά την αθηναϊκή εποχή. Εκτός από αυτό το κύριο αξίωμα, οι πηγές αναφέρουν διάφορα άλλα από την εποχή της δεύτερης αθηναϊκής κυριαρχίας: κανηφόρος*, κλειδούχος*, υφιερεύς*, ονειροκρίτης*, ζάκορος*, αρετολόγος*, λαμπτηροφόρος*. Φαίνεται ότι το προσωπικό στην υπηρεσία των αιγύπτιων θεών στο δημόσιο ιερό ήταν πολυάριθμο και ειδικευμένο. Είναι πιθανό ότι ορισμένα λειτουργήματα αφορούσαν μόνο τις ισιακές λατρείες (π.χ. ο αρετολόγος, οι λαμπτηροφόροι ή ο ονειροκρίτης), ενώ άλλα υπήρχαν και στα ελληνικά ιερά της Δήλου, για παράδειγμα ο νεωκόρος* την εποχή της Ανεξαρτησίας, οι κανηφόροι ή ο ζάκορος την εποχή της δεύτερης αθηναϊκής κυριαρχίας. Δεν γνωρίζουμε τίποτε για τους ιερείς του Σαραπιείου Β. Αντιθέτως, βρέθηκαν σε αυτό το κτίριο πλήθος επιγραφές που αναφέρουν τους συλλόγους που μάλλον συναθροίζονταν εκεί. Αναφέρονται δεκαδισταί και δεκαδίστριαι, ενατισταί, ερανισταί, σεραπιασταί ή ακόμα θεραπευταί, που εμφανίζονται επίσης στα Σαραπιεία Α και C, και μελανηφόροι, που μαρτυρούνται και στο Σαραπιείο C. Μόνο οι θεραπευταί και οι μελανηφόροι συνεχίζουν να υπάρχουν μετά το 167, όπως φαίνεται από κείμενα που προέρχονται από το Σαραπιείο C. Οι υπόλοιποι, είτε εκλείπουν είτε δεν παραγγέλλουν πια επιγραφές.

Οι ακριβείς δραστηριότητες, η οργάνωση και η σύνθεση αυτών των ομάδων δεν είναι απολύτως ξεκάθαρες, ενώ οι δομές τους στα τρία ιερά διαφέρουν. Κάποιες είναι οργανωμένες ιεραρχικά, όπως στο Σαραπιείο Β όπου ένας αρχιθιασίτης* προέδρευε του *κοινού* των ενατιστών με τη βοήθεια ενός γραμματέως. Σε άλλες πάλι η οργάνωση φαίνεται πιο χαλαρή: οι θεραπευταί του Σαραπιείου Α είναι μάλλον απλοί πιστοί, που συχνάζουν στο ιερό και συναθροίζονται τακτικά υπό την καθοδήγηση ενός υπεύθυνου επιλεγμένου για να οργανώσει την συλλογή δωρεών. Οι όροι κοινόν ή θίασος, που χαρακτηρίζουν συνήθως τους οργανωμένους συλλόγους, δεν χρησιμοποιούνται στην περίπτωσή τους. Αντίθετα, οι θεραπευταί του Σαραπιείου C φαίνεται ότι σχημάτιζαν ένα κανονικό κοινόν.

Η ιδιότητα του μέλους δεν φαίνεται να ήταν αποκλειστική: ο αρχιθιασίτης των ενατιστών είναι επίσης μέλος των θεραπευτών του Σαραπιείου Α ενώ ο γραμματέας του φέρει υπερήφανα και τον τίτλο του μελανηφόρου. Οι σύλλογοι αυτοί πραγματοποιούν μερικές φορές λατρευτικές πράξεις από κοινού, όπως αποδεικνύει μια αναθηματική επιγραφή που συσχετίζει το κοινόν των θεραπευτών, εκείνο των μελανηφόρων και τον θίασο των σεραπιαστών. Ορισμένοι, όπως οι δεκαδισταί, δέχονται γυναίκες ως μέλη (δεκαδίστριαι).

Οι θρησκευτικές δραστηριότητες αυτών των ομάδων παραμένουν άγνωστες. Στην καλύτερη περίπτωση μπορούμε να κάνουμε υποθέσεις με βάση το όνομά τους: οι δεκαδισταί και οι δεκαδίστριαι θα εόρταζαν κάποιες γιορτές τη δέκατη μέρα του μήνα, οι ενατισταί την ένατη. Οι μελανηφόροι, που φαίνεται να έχουν σημαντικότερο ρόλο μετά το 167, φορούσαν ίσως ένα μαύρο ένδυμα σε ανάμνηση του πένθους της Ίσιδος. Οι ερανισταί οργάνωναν ίσως συμπόσια, αφού ο όρος έρανος σημαίνει την συνεισφορά του καθενός σε ένα ομαδικό συμπόσιο και τα κείμενα αναφέρουν μια ομαδική ανάθεση κλινών συμποσίου από τα μέλη αυτού του κοινού. Αυτή η συνήθεια μνημονεύεται επίσης στο Χρονικό του Σαραπιείου. Καμία αίθουσα συμποσίου δεν στάθηκε δυνατό να ταυτιστεί με ακρίβεια στα Σαραπιεία, αλλά οι αίθουσες ή οι εξωτερικοί χώροι με πάγκους μπορούσαν ενδεχομένως να φιλοξενήσουν αυτά τα γεύματα. Μπορεί επίσης να υποτεθεί, αν οι συμμετέχοντες στα συμπόσια ήταν ξαπλωμένοι, ότι χρησιμοποιούσαν ξύλινες κλίνες που δεν άφησαν ίχνη.

ΑΝΑΘΗΜΑΤΙΚΕΣ ΕΠΙΓΡΑΦΕΣ ΚΑΙ ΑΝΑΘΗΜΑΤΑ

Εκτός του ότι μας κατατοπίζουν σχετικά με τους θεούς των Σαραπιείων, οι αναθηματικές επιγραφές και τα αναθήματα παρέχουν επίσης πολύτιμες πληροφορίες για την κοινωνία των πιστών. Τα ονόματα και οι εθνικότητες των αφιερωτών επιτρέπουν να διαπιστώσουμε ότι δεν έχουν ιδιαίτερους δεσμούς με την Αίγυπτο: μόνο ορισμένοι, κυρίως γυναίκες, φέρουν χαρακτηριστικά αιγυπτιακά ονόματα, όπως Θέρμουθρις, Τάεσις ή Τάεσσα. Την εποχή της Ανεξαρτησίας, εκτός από τον Απολλώνιο τον

Στο Σαραπιείο C, πολυάριθμες προσφορές προς τους θεούς από ιδιώτες τεκμηριώνονται από αναθηματικές επιγραφές, που μαρτυρούν τη λατρευτική αυτή συνήθεια. Οι επιγραφές που επιλέξαμε εδώ αφορούν την ανάθεση τοίχων και μιας κλίμακας που χρηματοδότησε ένας ιδιώτης (ID 2098), ένα κείμενο χαραγμένο περί το 140 σε βάση από λευκό μάρμαρο (ID 2131) και ένα άλλο περί το 90 (ID 2104). Το τελευταίο συνδέει μια τοπική θεότητα, τον Κύνθιο Δία δηλαδή τον « Δία του όρους Κύνθος » με την Ίσιδα και τον Σάραπι.

Με διαταγή του Σάραπι, της Ίσιδος, του Άνουβι και της Αφροδίτης, ο Απολλώνιος, γιος του Ασκληπιοδώρου, αφιέρωσε εξ ονόματός του και εξ ονόματος της συζύγου του Αφροδισίας και των παιδιών του Ασκληπιοδώρου, Απολλωνίου και Προτίμου, την κλίμακα και τους τοίχους μέχρι το ναό. Ιερέας ήταν ο Ζήνων, γιος του Διοσκουρίδη, από το δήμο των Λαμπτρών.

ID 2098

Στο Σάραπι, την Ίσιδα, τον Άνουβι, τον Απόλλωνα, τον Αρποκράτη, θεούς που μοιράζονται τον ίδιο ναό και τον ίδιο βωμό, ο Ευκλής, γιος του Ευκλέους, από τους Σόλους, εξ ονόματός του και εξ ονόματος του γιου του.

ID 2131

Στον Κύνθιο Δία, το Σάραπι και την Ίσιδα, με διαταγή του θεού, ο Νεοπτόλεμος, γιος του Φιλωνίδου, όταν ιερέας ήταν ο Δικαίος, γιος του Δικαίου, από το δήμο των Ιωνιδών, ο Ευκράτης, γιος του Διονυσίου και εγγονός του Σεύθη, ήταν κλειδούχος και ο Απολλώνιος, γιος του Δικαίου, ήταν ζάκορος.

ID 2104

(3) *Αναθηματικές επιγραφές στο Σαραπιείο C*

Πρεσβύτερο, που ήρθε από τη Μέμφιδα φέρνοντας το θεό μαζί του, οι πιστοί είναι κυρίως Έλληνες, από τη Δήλο ή άλλες πόλεις. Μετά το 167, οι τόποι καταγωγής τους είναι ετερόκλητοι ακριβώς όπως πληθυσμός του νησιού, όπου συρρέουν Αθηναίοι, Ιταλοί, εξελληνισμένοι Ανατολίτες και Έλληνες από όλο τον Ελληνικό κόσμο. Γνωρίζουμε τους περισσότερους από τις αναθηματικές επιγραφές ή, όσον αφορά το δημόσιο ιερό, από τους καταλόγους. Άλλα ονόματα εμφανίζονται στους καταλόγους των δωρητών για τις διάφορες κατασκευές στο Σαραπιείο C. Ορισμένα από αυτά τα πρόσωπα είναι μόνιμα εγκατεστημένα στη Δήλο και βρίσκουμε τα ίχνη τους σε άλλα ιερά του νησιού ή σε δημόσια κείμενα, άλλοι πάλι είναι πιθανώς περαστικοί έμποροι. Μερικοί είχαν ίσως επαφές με την Αίγυπτο, πράγμα που είναι δύσκολο να αποδειχθεί, ή μπορεί να είχαν γνωρίσει τις ισιακές λατρείες στην πατρίδα τους, αφού ήταν διαδεδομένες σε όλη τη μεσογειακή λεκάνη. Είναι επίσης πιθανό να τις ανακάλυψαν στη Δήλο, γοητευμένοι από την λυτρωτική δύναμη αυτών των θεοτήτων στο νησί.

Τα περισσότερα αναθήματα, μαρτυρίες της ευσέβειας των πιστών, χάθηκαν, ωστόσο τα κείμενα των επιγραφών μας διαφωτίζουν κάπως. Άφθονα ήταν τα γλυπτά, ιδιαιτέρως στο Σαραπιείο C, όπως μαρτυρούν οι βάσεις τους, συχνά το μόνο στοιχείο που σώζεται, καθώς και οι κατάλογοι. Λίγα μόνο σπαράγματα διατηρήθηκαν, όπως το ωραίο άγαλμα της αθηναίας Διοδώρας, που βρίσκεται σήμερα κοντά στην είσοδο της οδού με τις Σφίγγες (30). Το πορτραίτο αυτό, αφιερωμένο στο Σάραπι, την Ίσιδα και τον Άνουβι από το σύζυγο και τα παιδιά της ήταν εκτεθειμένο σε μια χτιστή κόγχη,

(30)

της οποίας σώζονται οι δόμοι. Στο ίδιο ιερό υπήρχαν επίσης πολυάριθμα χάλκινα αναθηματικά αγάλματα: οι βάσεις τους παρουσιάζουν χαρακτηριστικές βαθύνσεις στην άνω επιφάνεια. Σύμφωνα με τις αναθηματικές επιγραφές, πολλά ήταν πορτραίτα ιερέων ή πιστών των αιγυπτίων θεών.

Εκτός από αγάλματα, τα ιερά κατείχαν πολύτιμα αντικείμενα όπως έργα χρυσοχοΐας και κοσμήματα, καταγεγραμμένα από τους διαχειριστές. Άλλα δώρα ήταν πιο ασήμαντα και άφησαν λίγα ίχνη: ταπεινά αγαλματίδια, μικρός αναθηματικός πίνακας, ένδυμα... Όλα αυτά τα δώρα μαρτυρούν την ευσέβεια των πιστών και την γοητεία που ασκούσαν οι ισιακές λατρείες στη Δήλο. Το 2ο αι., το Σαραπιείο C είναι το ίδρυμα που δέχεται τις περισσότερες προσφορές στο νησί, εκτός από το ιερό του Απόλλωνα. Το 179 ο θησαυρός του (κουτί για προσφορές) συγκέντρωσε 15 δραχμές, ενώ του Ασκληπιού μόλις 3 δραχμές και 1,5 οβολό και της Αφροδίτης 3 οβολούς.

ΒΩΜΟΙ ΚΑΙ ΘΥΣΙΕΣ

Οι πιστοί τιμούσαν τους αιγύπτιους θεούς της Δήλου, όπως και τις άλλες θεότητες του νησιού, με θυσίες σε τακτά διαστήματα. Οι ημερομηνίες και το τελετουργικό αυτών των ιεροτελεστιών μας είναι άγνωστα. Ωστόσο, αρκετές επιγραφές μνημονεύουν συλλόγους πιστών «για τις *θυσίες** και τις σπονδές» και εισφορές «για το βωμό», δηλαδή χρήματα που συλλέγονταν από τους πιστούς για την οργάνωση αυτών των εορτασμών. Οι επιγραφές πιστοποιούν ότι επρόκειτο για πρακτικές που ήταν συνήθεις στο Σαραπιείο C .

Σε όλα τα ιερά αποκαλύφθηκαν βωμοί διαφόρων τύπων που μας διαφωτίζουν σχετικά με τις πρακτικές των θυσιών. Οι μαρμάρινοι βωμοί, κυλινδρικοί ή παραλληλόγραμμοι, διατηρούν κάποτε τις αναθηματικές επιγραφές των πιστών που τους αφιέρωσαν, όπως στα παραδείγματα που αναφέρθηκαν προηγουμένως από το Σαραπιείο Β. Ανήκουν στην κατηγορία των «κερασφόρων» ή «με ακρωτήρια», και ονομάζονται έτσι λόγω των μικρών μαρμάρινων εξογκωμάτων, που έχουν στερεωθεί στις γωνίες της άνω επίπεδης επιφάνειας ή που έχουν σκαλιστεί σε αυτήν, όταν είναι μικρού μεγέθους. Στα Σαραπιεία Β και C υπάρχουν πολλά τέτοια παραδείγματα, π. Χ. ένας βωμός ακριβώς κάτω από το ναό της Ίσιδος (**24** και **26, I**), στη βόρεια αυλή (**31**). Αντιθέτως, κανένα δείγμα δεν βρέθηκε στο Σαραπιείο Α. Συριακής καταγωγής, είναι γνωστοί στην Αίγυπτο ήδη από τον 4ο αι. και είναι πολύ συνηθισμένοι στα ισιακά ιερά, έξω από την Κοιλάδα του Νείλου. Τους συσχετίζουμε συχνά με το κάψιμο αρωμάτων ή λιβανιού, που ήταν συνήθεις πρακτικές στην αιγυπτιακή λατρεία: το έμμετρο τμήμα του Χρονικού του Σαραπιείου κάνει αναφορά σε αυτές τις προσφροές θυμιάματος στο

(31)

(32)

θεό. Επίσης, στους καταλόγους του Σαραπιείου C περιλαμβάνονται θυμιατήρια και κουτιά για θυμίαμα και, πράγματι, οι ανασκαφές αποκάλυψαν μικρά θυμιατήρια, κεραμεικά ή λίθινα (32).

Κάποιοι άλλοι βωμοί μαρτυρούν την τέλεση αιματηρών θυσιών στα Σαραπιεία της Δήλου. Στο Σαραπιείο C έχουν κατασκευαστεί εσχάραι* ή «κοίλοι βωμοί». Πρόκειται για οριοθετημένους με τοίχους χώρους, εντός των οποίων βρέθηκαν στάχτες από την εστία ανακατωμένες με κατάλοιπα της θυσίας. Ένας από αυτούς, στη βόρεια αυλή (24 και 26, G) απέναντι από το ναό του Σάραπι, είχε αποκαλυφθεί κατά τη διάρκεια παλαιών ανασκαφών (33). Δύο άλλοι, στο νότιο άνδηρο, ερευνήθηκαν πρόσφατα. Η μελέτη των ζωικών καταλοίπων αποκάλυψε ότι τα θύματα – κυρίως κοκόρια – είχαν προσφερθεί ως ολοκαύτωμα* στους θεούς του ιερού. Αυτή η πρακτική συνδέεται συχνά με τις χθόνιες θεότητες, αλλά εφαρμόζεται επίσης και για θεότητες που θεραπεύουν ή σώζουν όπως ο Σάραπις και η Ίσις στη Δήλο. Επιπλέον, οι κατάλογοι του Σαραπιείου C αναφέρουν έναν *εσχαρώνα*, δηλαδή ένα κτίριο με εσχάρα*. Ίσως στέγαζε εκείνη της βόρειας αυλής, που φαίνεται να είναι η αρχαιότερη. Οι δύο νότιοι βωμοί χρονολογούνται μόλις στα τέλη του $2^{ου}$ ή στις αρχές του $1^{ου}$ αι., ενώ ο *εσχαρών* αναφέρεται ήδη στους καταλόγους το 156-155.

(33)

(34)

Στο Σαραπιείο Α σώζεται ένας χτιστός βωμός που διατηρεί το προστατευτικό του επίχρισμα, στηριγμένος στο βόρειο τοίχο της αυλής (34). Η ετερόκλητη εμφάνισή του οφείλεται στις διαδοχικές προσθήκες αναθηματικών βάσεων στο κυρίως σώμα του βωμού, σύμφωνα με το έθιμο που ήθελε να τοποθετούνται τα αναθήματα όσο το δυνατόν πλησιέστερα σ' ένα χώρο κατάλληλο για την επικοινωνία με τους θεούς. Αγνοούμε αν στο βωμό έκαιγαν μόνο αρώματα ή και ζώα. Η μορφή του πάντως είναι κατάλληλη για αιματηρές θυσίες, αν κρίνουμε από την ομοιότητά του με τους βωμούς για τους Λάρητες στη Δήλο, για τους οποίους ξέρουμε ότι στη γιορτή των Κομπεταλίων θυσίαζαν γουρουνάκια, ένα μέρος των οποίων έκαιγαν στο βωμό, ενώ το υπόλοιπο μάλλον το κατανάλωναν οι συμμετέχοντες. Είναι λοιπόν πιθανό ότι και στο Σαραπιείο Α θυσίαζαν ζώα αλλά αγνοούμε ποια είδη ζώων πρόσφεραν στους θεούς του ιερού.

ΑΞΙΟΠΡΟΣΕΚΤΕΣ ΕΓΚΑΤΑΣΤΑΣΕΙΣ: ΚΡΥΠΤΕΣ ΚΑΙ ΠΗΓΑΔΙΑ ΣΤΑ ΣΑΡΑΠΙΕΙΑ

Οι έρευνες αποκάλυψαν δεξαμενές στο κέντρο και των τριών Σαραπιείων της Δήλου. Οι κρύπτες είναι ακόμη ορατές στα Σαραπιεία Α και Β, ενώ το μεγάλο πηγάδι στο νότιο άνδηρο του Σαραπιείου C επιχώθηκε μετά την ανασκαφή. Είναι δύσκολο να προσδιορίσουμε ποια συγκεκριμμένη λατρευτική πρακτική συνδεόταν με αυτές τις κατασκευές, παρά τις πολλές θεωρίες που διατυπώθηκαν σχετικά. Προφανώς χαρακτηριστικές των αιγυπτιακών ιεροτελεστιών, αυτές οι αξιοσημείωτες εγκαταστάσεις δεν συναντιούνται αλλού στο νησί, έχουν όμως παράλληλα σε ιερά της Ίσιδος ή του Σάραπι αλλού: η ύπαρξη υδραυλικών κρυπτών έχει αποδειχθεί στο Ισείο της Γόρτυνας στην Κρήτη, στην Πομπηία της Ιταλίας ή ακόμη στο Μπέλο της Ισπανίας. Στο έργο του *Ύμνος στη Δήλο* (3ος αι.), ο Καλλίμαχος μας μεταφέρει τον τοπικό θρύλο σύμφωνα με τον οποίο ο Ινωπός ανάβλυζε από τον Νείλο. Στο Σαραπιείο Α, το πηγάδι βρίσκεται πλάι στην κοίτη του ποταμού, επομένως το νερό του μπορούσε να θεωρηθεί ότι προερχόταν από το θαυμαστό ποταμό της Αιγύπτου. Προτάθηκε λοιπόν να ερμηνευθεί η υδραυλική κατασκευή ως ένα είδος νειλομέτρου, για μια φανταστική αναπαράσταση της ετήσιας πλημμύρας του Νείλου κατά τη διάρκεια εορτών σαν εκείνες που λάμβαναν χώρα στην Αίγυπτο. Ωστόσο, η υπόθεση φαίνεται κάπως υπερβολική, κυρίως επειδή δεν υπάρχει καμία μαρτυρία για εορτές της Πλημμύρας στη Δήλο. Παρά ταύτα, δεν φαίνεται παράλογη η άποψη ότι μπορεί να θεωρούνταν ιερό ή αγιασμένο το νερό αυτής της εγκατάστασης και των αντίστοιχων στα Σαραπιεία Β και C. Ίσως μάλιστα και να το ταύτιζαν με το νερό του Νείλου.

Το νερό από τις δεξαμενές στα Σαραπιεία A και C, μπορούσε επίσης να χρησιμοποιείται για θεραπείες (αγνοούμε εάν υπήρχε κάτι ανάλογο στο Σαραπιείο B). Οι ιαματικές ικανότητες του Σάραπι και της Ίσιδος αναφέρθηκαν παραπάνω και μαρτυρούνται συχνά στις επιγραφές και από διάφορα αναθήματα. Επιπλέον, θεωρείται ότι στα ιαματικά ιερά το νερό είχε θεραπευτικές ιδιότητες. Ωστόσο, δεν γνωρίζουμε ακριβώς ποιες μέθοδοι χρησιμοποιούνταν στα Σαραπιεία για να θεραπεύσουν τους αρρώστους και είναι επομένως αδύνατο να επιβεβαιώσουμε ότι το νερό έπαιζε σημαντικό ρόλο σε αυτά.

Το νερό μπορούσε επίσης να χρησιμοποιείται για εξαγνισμούς, ή και για καθημερινές ιεροτελεστίες ανάλογες με εκείνες της Αιγύπτου. Και πάλι όμως δεν υπάρχουν στοιχεία που να επιβεβαιώνουν την ύπαρξη τέτοιων τελετών στη Δήλο, ενώ η ποσότητα του νερού που απαιτούν δεν δικαιολογεί την πολυπλοκότητα των εγκαταστάσεων, απλά πηγάδια θα ήταν αρκετά.

Τα άφθονα αποθέματα νερού κάτω ακριβώς από τους ναούς στα Σαραπιεία A και C, είναι ίσως ένδειξη ότι υπήρχε στα ιερά αυτά μια λατρεία που απευθυνόταν ειδικά στο νερό. Η θεωρία φαίνεται λογική για το Σαραπιείο C: το μεγάλο πηγάδι (**24, C**) στα νότια της οδού με τις Σφίγγες μπορεί ίσως να ταυτιστεί με το ὑδρεῖον που αναφέρουν κάποιες επιγραφές. Στο ίδιο ιερό μαρτυρείται επίσης ένας θεός που λέγεται Υδρείος, θεοποιημένο υδάτινο πνεύμα, στον οποίο έχει αφιερωθεί η οδός των Σφιγγών που οδηγεί στο πηγάδι, μαζί με το Σάραπι, την Ίσιδα, τον Άνουβι και τον Αρποκράτη. Αν και καμία τόσο σαφής ένδειξη δεν προέρχεται από τα Σαραπιεία A και B, το γεγονός ότι το πηγάδι του Σαραπιείου A βρίσκεται κάτω από το ναό του Σάραπι και είναι προσβάσιμο από την κρύπτη, μπορεί να είναι τεκμήριο ότι και σε αυτό το ιερό απεύθυναν κάποια λατρεία στο ιερό ύδωρ που θα βρισκόταν εκεί.

Η λατρεία του νερού τεκμηριώνεται το 2ο αι. μ.Χ. σε ένα κείμενο του Απουλήιου, όπου αναφέρεται το δοχείο που το περιείχε (*Μεταμορφώσεις*, XI, 11, 4). Κάποιες παραστάσεις από την Ιταλία εικονίζουν ισιακές πομπές, όπου ένας από τους συμμετέχοντες φέρει ένα αγγείο όμοιο με αυτό που περιγράφει ο Απουλήιος (**35**). Μια τοιχογραφία από το Ερκολάνο θα μπορούσε επίσης να εικονίζει αυτή τη λατρεία του νερού: οι πιστοί είναι συγκεντρωμένοι σε ένα ισιακό ιερό μπροστά σε έναν ιερέα, που στέκεται στο πόδιο του ναού και τους παρουσιάζει ένα αγγείο (**29**). Ανάλογες ιεροτελεστίες πραγματοποιούνταν ίσως στα ιερά της Δήλου. Εν τούτοις, πρέπει να είμαστε επιφυλακτικοί εφόσον δεν διαθέτουμε κανένα σαφές τεκμήριο, ούτε για την Ελληνιστική εποχή ούτε για τη Δήλο. Οι υποθέσεις που παρουσιάσαμε για να ερμηνεύσουμε τη χρήση αυτών των αξιοσημείωτων υδραυλικών εγκαταστάσεων, αναμφίβολα δεν αποκλείουν η μια την άλλη: το νερό μπορούσε να είναι αντικείμενο τελετουργικής λατρείας και να χρησιμοποιείται ταυτόχρονα για εξαγνισμούς ή θεραπείες.

(35)

ΛΙΓΟΣ ΕΞΩΤΙΣΜΟΣ

Εκ πρώτης όψεως, τα Σαραπιεία της Δήλου δεν έχουν τίποτε το εξωτικό. Η αρχιτεκτονική τους είναι όμοια με τις υπόλοιπες κατασκευές της ίδιας εποχής στο νησί. Οι ναοί του Σαραπιείου C για παράδειγμα, και ιδιαίτερα ο ναός της Ίσιδος, που αναστηλώθηκε μετά την ανασκαφή, δείχνουν πόσο εξελληνισμένη ήταν η λατρεία. Αυτό ισχύει επίσης, όπως είδαμε, τόσο για τα αγάλματα των θεών όσο και για τη θρησκευτική οργάνωση των ιερών: οι ιερείς του Σαραπιείου C είναι Έλληνες, και αν το Σαραπιείο Α διατηρεί την κληρονομικότητα του ιερατείου του, τούτο οφείλεται χωρίς αμφιβολία τόσο στο ότι είναι ιδιωτικό όσο και στην αιγυπτιακή καταγωγή των τελετουργιών που λάμβαναν χώρα εκεί. Τα Σαραπιεία παραμένουν, από καλλιτεχνική και θρησκευτική άποψη, ελληνικά ιερά.

Εν τούτοις, παρατηρούμε ορισμένα στοιχεία εσκεμμένου εξωτισμού: κάποια ειδικευμένα λειτουργήματα του ιερατικού προσωπικού του Σαραπιείου C έδιναν ανατολίτικη χροιά στις τελετές και τις περιοδικές γιορτές. Στο ίδιο ιερό, η αρχιτεκτονική και ο εξοπλισμός παρουσίαζαν επιπλέον αιγυπτιάζοντα σημάδια, το πιο ευδιάκριτο από τα οποία είναι η οδός με τις Σφίγγες.

Γνωρίζουμε χάρη στην αναθηματική επιγραφή ότι αυτή η πλακοστρωμένη οδός διαμορφώθηκε στις αρχές του 1ου αι., ίσως περί το 90: το κείμενο έχει διατηρηθεί χαραγμένο σε δύο πλάκες, αλλά το όνομα του αναθέτη έχει χαθεί (ένθετο 4). Τέσσερα αποσπασματικά σωζόμενα αγαλματίδια των Σφιγγών που διακοσμούσαν την οδό έχουν φτάσει ως εμάς (36). Αν και ακρωτηριασμένα, είναι σαφές ότι φορούσαν αιγυπτιακές περούκες. Έχουν σκαλιστεί σε γκρίζο θαλασσινό ασβεστόλιθο, που χρησιμοποιείται

Η αναθηματική επιγραφή της « οδού με τις Σφίγγες » χρονολογείται περίπου το έτος 90 και σώζεται σε δύο αντίγραφα που βρισκόταν πιθανώς εκατέρωθεν της εισόδου της. Αναφέρονται πολλά μέλη του κλήρου του Σαραπιείου C. Τα κτίρια αφιερώνονται στον Σάραπι, την Ίσιδα, τον Άνουβι, τον Αρποκράτη και τον Υδρείο, θεότητα σχετική με το νερό που μαρτυρείται συχνά στο ιερό και προφανώς σχετίζεται με το μεγάλο πηγάδι που ταυτίζεται με το ὑδρεῖον των επιγραφών, όπου καταλήγει η οδός. Η αναθηματική επιγραφή αναφέρει, εκτός από τις σφίγγες, διάφορα στοιχεία: την πλακόστρωση και τους βωμούς, που είναι ακόμη ορατοί στο χώρο, καθώς και το ρολόι που δεν βρέθηκε.

Ο τάδε (Δημήτριος;), γιος του Νικία [από την Αλεξάνδρεια;], μελανηφόρος, εξ ονόματός του και εξ ονόματος της συζύγου του, Πατροφίλας, και των παιδιών του, Νικία και Απολλωνίας, και του συγγενή του Κλέωνα, γιου του Κλέωνα, ανέθεσε με δικά του έξοδα τους βωμούς, το πλακόστρωτο, τις σφίγγες και το ρολόι, στο Σάραπι, την Ίσιδα, τον Άνουβι, τον Αρποκράτη και τον Υδρείο. Ιερέας ήταν ο Αρτεμίδωρος, γιος του Απολλόδωρου, από το δήμο των Λαμπτρών, κανηφόρος η Θεοφίλη, κόρη του Αρτεμίδωρου από το δήμο των Λαμπτρών, ζάκορος ο Εύοδος.

***ID* 2087 και *ID* 2088**

(4) *Η αναθηματική επιγραφή της οδού με τις Σφίγγες*

σπάνια στη γλυπτική. Η ακριβής θέση τους είναι αβέβαιη, αλλά υποθέτουμε ότι κατελάμβαναν τις ορθογώνιες βάσεις που εναλλάσσονται με τις τετράγωνες συμπαγείς τοιχοποιΐες, οι οποίες πιθανότατα είναι οι βωμοί για τους οποίους γίνεται επίσης λόγος στην αναθηματική επιγραφή. Όποια και να είναι η διευθέτησή της, μια οδός πλαισιωμένη από Σφίγγες είναι ξεκάθαρη αναφορά στην Αίγυπτο και πρόσθετε μια εξωτική χροιά σε ένα ιερό ελληνικού τύπου.

Ο εξοπλισμός των ιερών περιλαμβάνει επίσης ορισμένα *αιγυπτιακά*. Ο όρος αναφέρεται τόσο στα αληθινά αιγυπτιακά αντικείμενα όσο και στις ντόπιες απομιμήσεις τους. Ένα ωραίο αγαλματίδιο χορεύτριας από τη Σαΐδα, της 30ης δυναστείας ή των αρχών της Πτολεμαϊκής εποχής (37), δεν έχει καμία σχέση ούτε με τις ισιακές λατρείες ούτε με τη Δήλο αλλά πρέπει να έφτασε από την Αίγυπτο, κι έπειτα να τοποθετήθηκε ως ανάθημα στο ιερό από κάποιον πιστό με εξωτικά γούστα. Το γυναικείο αγαλματίδιο από το Σαραπιείο C, του οποίου σώζονται μόνο τα πέλματα και το κάτω τμήμα των κνημών ντυμένα με ένδυμα χωρίς πτυχές, είναι παράδειγμα

(36)

αιγυπτιάζοντος αντικειμένου, που χωρίς αμφιβολία κατασκευάστηκε στη Δήλο από ντόπιο τεχνίτη εξοικειωμένο με την Αιγυπτιακή αισθητική (8). Το ίδιο ισχύει και για τις σφίγγες της οδού ή για το αγαλματίδιο του Άνουβι για το οποίο έχουμε ήδη κάνει λόγο (10).

Οι κατάλογοι δίνουν την εντύπωση ότι, από τις αρχές του 2ου αι., μπορεί να φυλάσσονταν στο Σαραπιείο C κι άλλες αιγυπτιάζουσες ή εισηγμένες από την Αίγυπτο παραστάσεις: το 156-155 αναφέρονται στο ναό της Ίσιδος δύο αγάλματα ή αγαλματίδια από επίχρυσο ξύλο, εκτεθειμένα σε ξύλινα κατασκευάσματα που μιμούνταν αναμφίβολα ναούς. Τόσο η τεχνική όσο και το στυλ ακολουθούν αιγυπτιακές παραδόσεις.

Ιδιωτική ευσέβεια

Ως τώρα, εξετάσαμε τα μνημεία της αιγυπτιακής λατρείας που σχετίζονται με τα Σαραπιεία και με τη θρησκεία που μπορεί να χαρακτηριστεί οργανωμένη, ακόμη και όταν ασκείται σε ένα ιδιωτικό ιερό ή στο πλαίσιο θρησκευτικών συλλόγων. Ωστόσο, στην πόλη της Δήλου ανακαλύφθηκαν επίσης αντικείμενα και επιγραφές που μαρτυρούν την ευρεία διάδοση των ισιακών θεοτήτων στον πληθυσμό του νησιού και μπορούν να θεωρηθούν ως δείγματα ιδιωτικής ευσέβειας ή και αποδείξεις για την ύπαρξη οικιακής λατρείας. Σύμφωνα με το κείμενο του Χρονικού, ο Σάραπις λατρευόταν αρχικά στην κατοικία του Απολλώνιου του Αιγυπτίου, πριν να κατασκευαστεί ένα αληθινό ιερό προς τιμήν του. Φυσικά αυτή η διήγηση πρέπει να αντιμετωπισθεί με επιφύλαξη, εντούτοις τα ευρήματα του αρχαιολογικού χώρου δείχνουν ότι οι θεοί του ισιακού κύκλου ήταν παρόντες στα σπίτια της Δήλου καθ' όλη τη διάρκεια του 2^ου^ και στις αρχές του 1^ου^ αι.

ΙΣΙΑΚΑ ΣΕ ΟΙΚΙΕΣ ΚΑΙ ΤΑΦΟΥΣ

Πολυάριθμα αγάλματα, αγαλματίδια, κοσμήματα και φυλαχτά καθώς και επιγραφές ήρθαν στο φως στις οικιστικές συνοικίες. Επειδή προέρχονται κυρίως από παλαιές ανασκαφές, ο ακριβής τόπος ανεύρεσής τους είναι συχνά αβέβαιος και, οπωσδήποτε, η συστηματική συσχέτισή τους με οικιακές λατρείες πρέπει να αποφεύγεται. Ορισμένα πωλούνταν ενδεχομένως στα καταστήματα ή στα εργαστήρια, όπως μπορεί να υποτεθεί για ένα ανάγλυφο της Ίσιδος Πελαγίας που ανακαλύφθηκε σε κατάστημα της Αγοράς των Ιταλών (★, 3). Άλλα πάλι ίσως μετακινήθηκαν από τα ιερά και χρησιμοποιήθηκαν εκ νέου σε σπίτια ή άλλα οικοδομήματα, όπως μια αναθηματική επιγραφή που βρέθηκε στην κλίμακα της δεξαμενής του Ινωπού (★). Ορισμένα πάντως θεωρούνται τεκμήρια οικιακής λατρείας, όπως μια αναθηματική επιγραφή στο Σάραπι, την Ίσιδα και τον Άνουβι από οικία δίπλα στην Αγορά του Θεόφραστου (★), και μια άλλη από οικία κοντά στο Μουσείο. Η ίδια διαπίστωση ισχύει και για τα κεραμικά αγαλματίδια με αιγυπτιακά ή αιγυπτιάζοντα θέματα, ο προορισμός των οποίων παραμένει άγνωστος γιατί η προέλευσή τους είναι γενικά αβέβαιη.

Ακόμη και αν τα συμφραζόμενά τους παραμένουν αμφίβολα, τα αντικείμενα αυτά μαρτυρούν τη σημασία και τη δημοτικότητα των αιγυπτίων θεών στα μάτια των κατοίκων της Δήλου. Ένα ανάγλυφο από οικία κοντά στο βωμό του Διονύσου (★) συνδυάζει με πρωτοτυπία ισιακά σύμβολα και διονυσιακά θέματα (38): μας ατενίζει ένας άνδρας με κοντό ένδυμα, που κρατά θύρσο* στο δεξί του χέρι ενώ πλάι του, το κέντρο της παράστασης καταλαμβάνει ένα κάλυμμα κεφαλής, που αποτελείται από δύο φτερά όρθια πάνω σε ηλιακό δίσκο, με δύο κέρατα αγελάδας εκατέρωθεν, κάτω από τα οποία βρίσκονται πλεγμένα στάχια δεμένα με κορδέλες. Στα δεξιά τέλος, εικονίζεται ένας θύρσος λίγο πιο κοντός από εκείνον που κρατά ο άνδρας. Η παράσταση εκφράζει ίσως τις προσωπικές δοξασίες των κατοίκων της οικίας.

Στην Οικία των φούρνων, που βρίσκεται στην ύπαιθρο της Δήλου, συλλέχθηκαν πολυάριθμα ανάγλυφα με θρησκευτικά θέματα. Αξίζει να σημειωθούν δύο ισιακά καλύμματα κεφαλής (Α 6994, Α 4019: 39) και μία σκηνή συμποσίου (Α 4014), που όμως βρέθηκαν μαζί με παραστάσεις χωρίς ιδιαίτερη σχέση με τις αιγυπτιακές λατρείες. Εξάλλου, η ίδια η χρήση του μεγάλου αυτού οικήματος είναι υπό συζήτηση: προτάθηκε να ερμηνευθεί ως έδρα συλλόγου, εφόσον μάλιστα μέσα στην κεντρική αυλή βρέθηκαν χτιστοί και επιχρισμένοι βωμοί, κατάλληλοι για θρησκευτικές τελετές. Τα ανάγλυφα μαρτυρούν ίσως τις εκλεκτικές δοξασίες των μελών του συλλόγου.

Πολλοί τάφοι στη νεκρόπολη της Δήλου, που βρίσκεται στη Ρήνεια, απέδωσαν επίσης στοιχεία που δείχνουν την αφοσίωση των νεκρών στις ισιακές θεότητες, όπως για παράδειγμα κεραμικά αγαλματίδια. Ξεχωρίζει ένας τάφος που θεωρήθηκε από κάποιους ότι ανήκει σε πιστό ή ιερέα της Ίσιδος και περιείχε ένα εξαιρετικό χάλκινο σείστρο* (40), χαρακτηριστικό όργανο των αιγυπτιακών ιεροτελεστιών, έμβλημα της Ίσιδος και λειτουργικό αντικείμενο. Ο νεκρός ήταν προφανώς ιδιαίτερα αφοσιωμένος στη

(38)

(39)

θεά, ίσως μάλιστα ήταν στην υπηρεσία της ή, όπως υποτέθηκε, είχε μυηθεί στα μυστήριά της. Μια επιτύμβια στήλη που ανακαλύφθηκε στην Αίγινα, αλλά αναμφίβολα προέρχεται από τη Ρήνεια, αναφέρει το ζευγάρι Κέρδωνα, γιο του Ρόδωνος, και Παρθενίδα. Είναι διακοσμημένη με σείστρο και μικρό κλειστό κουτί, το κάλυμμα του οποίου είναι ανάλογο με εκείνο που διακοσμεί μια ισιακή στήλη στην Αθήνα. Μπορούμε να υποθέσουμε ότι οι νεκροί ήταν λάτρεις των αιγυπτίων θεών ή τουλάχιστον της Ίσιδος. Η στήλη χρονολογείται στην αυτοκρατορική περίοδο, τον 1ο ή 2ο αι. μ.Χ. Δείχνει πόσο μακρόβια ήταν η αφοσίωση στις αιγυπτιακές λατρείες όσων παρέμειναν στη Δήλο μετά τις «καταστροφές» του 88 και του 69, όταν πλήθος κατοίκων εγκατέλειψαν το νησί. Οι άφθονες αναφορές στους αιγυπτίους θεούς έξω από το πλαίσιο των επίσημων ιερών τους, καταδεικνύουν άλλη μια φορά πόσο φυσιολογική ήταν η παρουσία τους στη Δήλο, αντί για περιθωριακοί ή εξωτικοί είχαν ενταχθεί απόλυτα στη δηλιακή θρησκεία. Οι παραστάσεις που αναφέραμε συνυπάρχουν άλλωστε, στα σπίτια ή όπου αλλού ανακαλύφθηκαν, με παραστάσεις ελληνικών ή άλλων ανατολικών θεοτήτων: οι αιγύπτιοι θεοί δεν αποτελούν ξεχωριστή κατηγορία, αλλά αντιθέτως συμμετέχουν στον θρησκευτικό συγκρητισμό που χαρακτηρίζει το νησί στα τέλη του 2ου αι.

(40)

Ο ΑΡΠΟΚΡΑΤΗΣ, ΟΙΚΙΑΚΗ ΘΕΟΤΗΤΑ

Στη Δήλο, ο Αρποκράτης χαίρει μεγάλης δημοτικότητας στην ιδιωτική σφαίρα αν και η θέση του στα ιερά του Σάραπι είναι δευτερεύουσα. Αναφέρεται τακτικά στις αναθηματικές επιγραφές του Σαραπιείου C από τα τέλη του 2ου αι., αλλά δεν είχε δικό του ιερό. Το άγαλμά του βρισκόταν ίσως μέσα στο ναό της μητέρας του, της Ίσιδος: σύμφωνα με ένα κατάλογο του 145-144, κάποια Ιεροκλεία του είχε προσφέρει ένα πανωφόρι, ένα ένδυμα και μια ζώνη με ασημένιο δίσκο που φυλάσσονται στο ναό της θεάς. Μπορεί ο νέος θεός να είναι κάπως περιθωριακός στα ιερά του νησιού, τον συναντούμε όμως συχνά στην οικιακή εικονογραφία. Κεραμικά αγαλματίδια, αβέβαιης προέλευσης ως επί το πλείστον, τον εικονίζουν να φορά το *ψχεντ** στο κεφάλι (κάποτε σε νοθευμένη και ακατανόητη εκδοχή), και να φέρει τον δεξί δείχτη μπροστά στο στόμα (41). Τον βρίσκουμε επίσης σε περίαπτα (42). Οι παραστάσεις αυτές εικονίζουν τον Αρποκράτη όπως συνηθίζεται σε όλο τον Ελληνικό κόσμο. Εντούτοις, οι ανασκαφές της Δήλου έφεραν στο φως και μερικές λιγότερο καθιερωμένες εικόνες του θεού, όλες από ιδιωτικά κτίρια. Το άγαλμα ενός αγοριού με πόδια που καταλήγουν σε ερμαϊκή στήλη, αναγνωρίστηκε ως παράσταση του Αρποκράτη (43). Ο θεός έφερε στο αριστερό χέρι κέρας αφθονίας, από το οποίο σώζεται μόνο το κάτω μέρος, και ταινία στο κεφάλι (*στρόφιον*), που δηλώνει επίσης την ταυτότητά του. Το άγαλμα βρέθηκε το 1903 στην «εμπορική συνοικία», κοντά στο λιμάνι της Δήλου. Ένα ανάλογο αλλά μεγαλύτερο άγαλμα (Α 4262) ανακαλύφθηκε επίσης σε μια ιδιωτική κατοικία, τη λεγόμενη «Οικία του Λόφου». Ο θεός είναι τυλιγμένος σε βαρύ πανωφόρι και τα πόδια του έχουν αντικατασταθεί από ένα στύλο. Το άγαλμα

(41)

είναι ακρωτηριασμένο, αλλά μπορούμε να υποθέσουμε ότι έφερε επίσης κέρας αφθονίας στο αριστερό χέρι, καθώς ό,τι απομένει υποδεικνύει χειρονομία παρόμοια με του αγάλματος που προαναφέρθηκε. Το πρόσωπο είναι νεανικό και χαμογελαστό με αξιοσημείωτη κόμμωση: τα μαλλιά σχηματίζουν δύο εξογκώματα πάνω από το μέτωπο, ενώ το πρόσωπο περιβάλλεται από μπούκλες, που πέφτουν μέχρι τους ώμους. Πρόκειται πιθανότατα για διασκευή της κορώνας σε σχήμα λωτού, που φορά κάποτε ο Αρποκράτης, με τις «λίβυες μπούκλες», που βρίσκονται συχνά στις αλεξανδρινές αναπαραστάσεις.

Τα δύο αυτά αγάλματα, καθώς και τα σπαράγματα που προέρχονται πιθανώς από ανάλογα αντικείμενα, παρουσιάζουν μια ασυνήθιστη εικόνα του Αρποκράτη της οποίας ίσως να υπήρχαν παραδείγματα και εκτός Δήλου. Φαίνεται πως πρόκειται για καθαρά ελληνιστική δημιουργία, που ίσως μάλιστα μπορεί να αποδοθεί στα δηλιακά εργαστήρια. Εν πάση περιπτώσει, καταδεικνύουν την δημοτικότητα του θεού-παιδιού, προστάτη του σπιτιού, που έχαιρε πιθανότατα ιδιαίτερου σεβασμού στο νησί.

(42)

(43)

Συμπέρασμα

Από όλες τις πόλεις της Ανατολικής Μεσογείου όπου είχαν ριζώσει οι ισιακές λατρείες την Ελληνιστική Εποχή, καμία δεν εξασφαλίζει στον ερευνητή την ευχέρεια για μελέτη που του προσφέρει η Δήλος. Αν και η εξέταση των υπεράφθονων τεκμηρίων που προέρχονται από το νησί δεν έχει ακόμη ολοκληρωθεί, η γενική εικόνα που παρουσιάζουμε εδώ δίνει στον αναγνώστη μια ιδέα για την ποικιλία των θεμάτων που μπορούμε να προσεγγίσουμε χάρη στις δηλιακές αρχαιότητες. Οι ανασκαφές ξεκίνησαν και πάλι στα τρία ιερά από τις αρχές της δεκαετίας του 2000. Πρόσθεσαν νέα στοιχεία, κάποια από τα οποία αποτελούν εκπλήξεις, εμπλουτίζοντας τις γνώσεις μας για το δηλιακό πάνθεο, την οργάνωση της κάθε λατρείας και τις θρησκευτικές πρακτικές. Πέρα από τα καθαρά τοπικά χαρακτηριστικά, είναι σημαντικό να υπογραμμίσουμε άλλη μια φορά τον κοσμοπολίτικο χαρακτήρα του πληθυσμού που ζούσε στο νησί, σύχναζε στα Σαραπιεία και συνεισέφερε να διαδοθούν οι δοξασίες που σχετίζονται με αυτά, κυρίως στην Ιταλία.

Γλωσσάρι

Αθωρικό (στέμμα ή κάλυμμα κεφαλής) : κόμμωση σε μορφή κεράτων αγελάδας που περιβάλλουν τον ηλιακό δίσκο, κάποιες φορές με δύο φτερά στην κορυφή και πάνω σε στάχια. Σύμβολο της αιγύπτιας θεάς Άθωρ, που ταυτίζεται μερικές φορές με την θεά Δήμητρα. Το στέμμα σχετίζεται επίσης πολύ συχνά με την Ίσιδα, ιδιαιτέρως στο πλαίσιο των ισιακών λατρειών εκτός Αιγύπτου.

Αρετολογία, αρετολόγος: ύμνος που επαινεί τις αρετές των θεών, πρόσωπο επιφορτισμένο με την σύνταξη ή την απαγγελία του.

Αρχιθιασίτης: αρχηγός θιάσου, δηλαδή θρησκευτικού συλλόγου.

Εσχάρα (πληθ. : *εσχάραι*): «εστία». Ο όρος χρησιμοποιείται για ένα είδος βωμού που λέγεται κάποτε «κοίλος» ή «βωμός-εστία», και αποτελείται από μια εστία τοποθετημένη καταγής ή μέσα σε κοιλότητα. Η *εσχάρα* μπορεί να ορίζεται από κτιστό περίβολο: στη Δήλο γνωρίζουμε κτίρια που ονομάζονται *εσχαρώνες* (*εσχαρών* στον ενικό) και χαρακτηρίζουν αυτές τις κατασκευές.

Ζάκορος: επιφορτισμένος με τη φροντίδα του ναού και βοηθός του ιερέα στο Σαραπιείο C (*ID* 2104). Το αξίωμα ήταν ετήσιο, αλλά στις αρχές του 1ου αι. το ίδιο πρόσωπο το εξάσκησε για 18 χρόνια.

Θηριόμορφοι: κυριολεκτικά «με μορφή ζώου». Οι Αιγυπτιακές θεότητες παριστάνονται συχνά με μορφή ζώων, εν μέρει ή εξολοκλήρου.

Θύρσος : στην ελληνική εικονογραφία, ο θύρσος είναι έμβλημα του Διονύσου ή της συνοδείας του (μαινάδες ή σάτυροι). Εικονίζεται συνήθως ως μακριά ξύλινη ράβδος με μία κουκουνάρα στην κορυφή, ενώ το κοντάρι διακοσμείται κάποτε με φυλλώματα (μίσχους κισσού ή κληματίδες).

Θυσία: η τελετή κατά την οποία ένα ζώο σφαγιάζεται και μοιράζεται ανάμεσα στους θεούς και τους ανθρώπους. Το μερίδιο των θεών καίγεται επάνω σε *βωμό* ενώ οι πιστοί καταναλώνουν το υπόλοιπο.

Κανηφόροι : στην κυριολεξία «αυτές που φέρουν κάνιστρα», νέες Αθηναίες καλών οικογενειών που συμμετέχουν στις δημόσιες θρησκευτικές τελετές. Ο ρόλος τους στη λατρεία του Σάραπι δεν είναι καλά γνωστός. Ήταν μάλλον περισσότερο συνδεδεμένες με τη λατρεία της Ίσιδος.

Κλειδούχος : « αυτός που έχει τα κλειδιά ». Στο Σαραπιείο C, το αξίωμα ανατίθεται σε έναν Αθηναίο καλής οικογένειας. Ο τίτλος δεν συναντάται συχνά στα ισιακά ιερά εκτός Δήλου. Πρόκειται ίσως για φύλακα επιφορτισμένο με την επίβλεψη της ιερής περιουσίας. Προτάθηκε επίσης να συσχετισθεί με την αιγυπτιακή τελετουργία του καθημερινού ανοίγματος των ναών.

Λαμπτηροφόροι : κομίστριες πυρσών κατά τις νυχτερινές τελετές στις ισιακές λατρείες.

Νεωκόρος : βοηθός του ιερέα. Το αξίωμα ανατίθεται σε Δήλιο πολίτη, που επιλέγεται με κλήρο και αμείβεται. Ο τίτλος δεν συναντάται μετά το 167 (*IG* XI, 1032).

Ολοκαύτωμα : θυσία κατά την οποία το ζώο που προσφέρεται στο θεό καίγεται ολόκληρο, συνήθως μέσα σε μία *εσχάρα*.

Ονειροκρίτης: διερμηνέας ονείρων. Ο τίτλος εμφανίζεται στις επιγραφές του Σαραπιείου C ήδη από την εποχή της Ανεξαρτησίας (*ID* 2071).

Παστοφόροι, παστοφόριον: κατηγορία ιερέων ή μέλη συλλόγου πιστών (η σημασία του όρου συζητείται ακόμη) και ο χώρος που προορίζεται για τις συγκεντρώσεις τους (*ID* 2124, *ID* 2085).

Πρόπυλον: προθάλαμος. Στην αρχιτεκτονική ορολογία ο όρος κατονομάζει την μνημειώδη είσοδο ενός ιερού.

Σηκός: η κύρια αίθουσα ενός ναού

Σείστρο: μουσικό όργανο, είδος μεταλλικής κουδουνίστρας, που έσειαν για να παράγουν ήχο. Βρέθηκαν πλήθος τέτοιου είδους αρχαία αντικείμενα, ένα από τα οποία προέρχεται από τάφο στη Ρήνεια. Το όργανο εικονίζεται σε πολλές παραστάσεις ισιακών τελετών (πομπές ή εορτές στα ιερά). Κατάγεται από την Αίγυπτο όπου το χρησιμοποιούσαν στις γιορτές προς τιμή της Άθωρ.

Senatus-consultum: επίσημη απόφαση της Ρωμαϊκής Συγκλήτου.

Υφιερεύς: κατώτερος ιερέας.

Ψχεντ: ελληνικός όρος για το διπλό στέμμα των Φαραώ της Αιγύπτου. Το *ψχεντ* φορά επίσης ο θεός Αρποκράτης στην ελληνιστική του εκδοχή.

Για επιπλέον πληροφορίες

Δήλος(γενικά)

Ph. Bruneau, *και ά. (επιμ.), Délos, île sacrée et ville cosmopolite* (1996).

Ph. Bruneau, J. Ducat, *Οδηγός της Δήλου*, 5η εκδ. (2010)

Cl. Prêtre *και ά*, *Nouveau choix d'inscriptions de Délos : lois, comptes et inventaires* (2002).

Ισιακές λατρείες και θεοί (στην Ελλάδα)

A. Bernand, *Alexandrie des Ptolémées* (1995).

L. Bricault, *Les cultes isiaques dans le monde gréco-romain*, documents réunis, traduits et commentés (2013).

Bricault, L., *Isis Pelagia: Images, Names and Cults of a Goddess of the Seas (Religions in the Graeco-Roman World, 190)*, E. J. Brill, Leiden-Boston (2020).

Ισιακές λατρείες και θεοί στη Δήλο

M.-Fr. Baslez, *Recherches sur les conditions de pénétration et de diffusion des religions orientales à Délos (IIe-Ier siècle avant notre ère)* (1977).

P. Roussel, *Les cultes égyptiens à Délos du IIIe au Ier siècle av. J.-C.* (1915-1916).

Εξειδεικευμένες μελέτες

C. E. Barrett, *Egyptianizing Figurines from Delos: A Study in Hellenistic Religion* (2011).

H. Brun-Kyriakidis, « L'exposition des statues-portraits dans le Sarapieion C de Délos », στο R. von den Hoff, Fr. Queyrel, E. Perrin-Saminadayar (επιμ.), *Eikones, portraits en contexte : recherches nouvelles sur les portraits grecs du ve au i^er s. av. J.-C.* (2016), σ. 65-87.

Ph. Bruneau, « Le Quartier de l'Inopos à Délos et la fondation du Sarapieion A dans un "lieu plein d'ordure" », στο *Études déliennes* (1973), σ. 111-136.

Ph. Bruneau, « Le *dromos* et le temple C du Sarapieion C de Délos », *BCH* 104 (1980), σ. 161-188.

M. Leguilloux, H. Siard, « Rituels sacrificiels et offrandes animales dans le Sarapieion C de Délos », στο G. Ekroth, J. Wallensten (επιμ.), *Bones, Behaviour and Belief: The Zooarchaeological Evidence as a Source for Ritual Practice in Ancient Greece and Beyond* (2013), σ. 167-179.

J. Marcadé, *Au musée de Délos* (1969).

J. Marcadé, « L'image sculptée d'Harpocrate à Délos », *Bulletin de la classe des beaux-arts* 71 (1989), σ. 242-276.

I. S. Moyer, *Egypt and the Limits of Hellenism* (2011).

H. Siard, « Le style égyptien et les échanges d'art dans les *Sarapieia* de Délos », *Revue d'archéologie moderne et d'archéologie générale* 14 (2001), σ. 133-148.

H. Siard, « L'*hydreion* du Sarapieion C de Délos : la divinisation de l'eau dans un sanctuaire isiaque », στο L. Bricault, M. J. Versluys, P. G. Meyboom (επιμ.), *Nile into Tiber: Egypt in the Roman World* (2007), σ. 417-447.

H. Siard, « Les sceaux du Sarapieion C de Délos », *BCH* 134 (2010), σ. 195-221.

Κείμενα

Κατάλογος εικόνων

7. Άγαλμα της Ίσιδος μέσα στο ναό I, Σαραπιείο C (λήψη H. Brun-Kyriakidis).
8. Αποσπασματικά σωζόμενο αιγυπτιάζον αγαλματίδιο [A 2148] με αναθηματική επιγραφή [*ID* 2145], Σαραπιείον C.
9. Αποτύπωμα σφραγίδας από την νότια εσχάρα του Σαραπιείου C : αθωρικό στέμμα (σχέδιο Fr. Siard).
10. Αποσπασματικά σωζόμενο αγαλματίδιο του Άνουβι[A 5280], Σαραπιείο A.
11. Η οδός με τις Σφίγγες κατά την αποχωμάτωση το 1909, Σαραπιείο C.
12. Σαραπιείο A, αξονομετρικό σχέδιο (F. F. Muller).
13. Αναπαράσταση της αυλής του Σαραπιείου A (σχέδιο Fr. Siard).
14. Το Σαραπιείο A, άποψη από νότια (λήψη H. Brun-Kyriakidis).
15. Το εσωτερικό της κρύπτης του Σαραπιείου A (σχέδιο Ph. Fraisse).
16. Αίθουσα εξοπλισμένη με μαρμάρινους πάγκους, Σαραπιείο A (λήψη H. Brun-Kyriakidis).
17. Σαραπιείο B, αξονομετρικό σχέδιο (N. Bresch).
18. Το Σαραπιείο B, άποψη από τα δυτικά (λήψη H. Brun-Kyriakidis).
19. Η αυλή με τους βωμούς, άποψη από τα βόρεια, Σαραπιείο B (λήψη H. Brun-Kyriakidis).
20. Ναός και πάγκοι του προαύλιου χώρου, άποψη από τα νότια, Σαραπιείο B (λήψη H. Brun-Kyriakidis).
21. Αναπαράσταση της πρόσοψης του ναού και του προαύλιου χώρου με τους πάγκους, Σαραπιείο B (σχέδιο Fr. Siard).
22. Η κρύπτη του Σαραπιείου B (λήψη H. Brun-Kyriakidis).
23. Το Σαραπιείο C, λήψη από αέρος, από τα βόρεια (λήψη Chr. Gaston).
24. Γενική κάτοψη του Σαραπιείου C (σχέδιο F. F. Muller).
25. Αναπαράσταση της οδού των Σφιγγών και της υδραυλικής κατασκευής, Σαραπιείο C (σχέδιο Fr. Siard).
26. Αξονομετρικό σχέδιο της βόρειας αυλής και του ανατολικού ανδήρου του Σαραπιείου C (σχέδιο F. F. Muller).
27. Ναός του Σάραπι, Σαραπιείο C (λήψη H. Brun-Kyriakidis).
28. Ναός της Ίσιδος, Σαραπιείο C (λήψη H. Brun-Kyriakidis).
29. Τοιχογραφία από το Ερκολάνο με παράσταση ισιακής τελετής, μουσείο Νεαπόλεως (Archétype 82, σχέδιο Fr. Siard).
30. Άγαλμα της αθηναίας Διοδώρας, Σαραπιείο C (λήψη H. Brun-Kyriakidis).
31. Βωμός με κέρατα κάτω από τον ναό της Ίσιδος, στην βόρεια αυλή του Σαραπιείου C (λήψη H. Brun-Kyriakidis).
32. Μικρογραφία βωμού με αναθηματική επιγραφή στο Σάραπι, την Ίσιδα και τον Άνουβι, Σαραπιείο A.
33. Κοίλος βωμός (*εσχαρών;*) στη βόρεια αυλή, Σαραπιείο C (λήψη H. Brun-Kyriakidis).
34. Χτιστός βωμός στην αυλή του Σαραπιείου A (λήψη H. Brun-Kyriakidis).
35. «Ανάγλυφο Mattéi» με παράσταση ισιακής πομπής (Archétype 82, σχέδιο Fr. Siard).
36. Σφίγγα της οδού, Σαραπιείο C (λήψη H. Brun-Kyriakidis).
37. Αγαλματίδιο χορεύτριας [A 379], Σαραπιείο C (λήψη Ph. Collet).
38. Ισιακό ανάγλυφο προερχόμενο από την περιοχή του βωμού του Διονύσου [A 3181].
39. Ανάγλυφο με παράσταση ισιακού συμβόλου [A 4019], από την Οικία των Φούρνων (λήψη A. Guimier).

40. Χάλκινο σείστρο από τάφο της Ρήνειας.
41. Κεραμικά αγαλματίδια του Αρποκράτη. Το πρώτο [Α 2429] ανακαλύφθηκε στη δεξαμενή της Παλαίστρας της λίμνης, το άλλο [Α 2525] στην περιοχή του λιμανιού.
42. Δακτύλιος με ειδώλιο του Αρποκράτη με κουκουβάγια και σκυλάκι. Προέρχεται από την οδό του θεάτρου.
43. Άγαλμα του Αρποκράτη από την εμπορική συνοικία [Α 4260] (λήψη Ph. Jockey).

Περιεχόμενα

Αυτό το βιβλίο τυπώθηκε
από την n.v. Peeters s.a.
τον Απρίλιο του 2023

ISBN : 978-2-86958-578-2

Κατά Νόμο Κατάθεση: 2° τρίμηνο 2023

Διευθύντρια: Véronique Chankowski – Υπεύθυνος εκδόσεων: Bertrand Grandsagne – Έλεγχος εκδοτικής διαδικασίας: ΓΣΑ, Iris Granet-Cornée – Γραφικός σχεδιασμός, προεκτύπωση: ΓΣΑ, Guillaume Fuchs – Μετάφραση: Αθηνά Ναλμπάντ – Επιμέλεια των κειμένων στα ελληνικά: Παύλος Καρβώνης